[美] 张展鸿 著

图像思维

Visual
Thinking

中信出版集团·北京

图书在版编目（CIP）数据

图像思维 /（美）张展鸿著 . -- 北京：中信出版社，2018.11
ISBN 978-7-5086-9451-1

I. ①图… II. ①张… III. ①企业管理 IV.
① F272

中国版本图书馆 CIP 数据核字（2018）第 205403 号

图像思维

著　者：[美]张展鸿
出版发行：中信出版集团股份有限公司
　　　　（北京市朝阳区惠新东街甲 4 号富盛大厦 2 座　邮编　100029）
承　印　者：北京通州皇家印刷厂

开　　本：880mm×1230mm　1/32　　印　张：8.25　　字　数：170 千字
版　　次：2018 年 11 月第 1 版　　　　印　次：2018 年 11 月第 1 次印刷
广告经营许可证：京朝工商广字第 8087 号
书　　号：ISBN 978-7-5086-9451-1
定　　价：48.00 元

版权所有·侵权必究
如有印刷、装订问题，本公司负责调换。
服务热线：400-600-8099
投稿邮箱：author@citicpub.com

目 录

推荐序一 实时图像咨询，企业咨询的新方法　VII
推荐序二 一图千言　IX
推荐序三 图像是把潜意识意识化的最佳途径　XI
引　言　XIII

Chapter 1
无形的代价　001

举棋不定的代价　003
没有蓝图的代价　004
消极抵制的代价　005
隐藏的成本　007
情感有价　007
没有使命感的代价　010
没有信心的代价　011
无视全局的代价　012
被动的代价　013

Chapter 2
企业里的盲人摸象 015

数据中看不见的信息 017
企业里看不见的鸿沟 020
决策层的困惑 023
看不见的企业文化 025
图像化的战略沟通 031
中层管理人员的困惑 033
让员工看见 036
自上而下的管理模式 041
自下而上的管理模式 048
管理模式在中国 050
图像化的综合管理模式 051

Chapter 3
大象无形的原因 055

古老洞壁上的信息 057
文字源于图像 059
语言文字的偷工减料 062
大部分含义在文字和数字以外 067
图像的分量 070
文字无法取代公共设施标志 073
文字无法描述示意图中的全部信息 077

Chapter 4
用文字组图 081

CEO的话和画　083
图盲的误区　085
连写带画　088
非美术的图画课　092
文字组成的图像　097

Chapter 5
图像化思维 105

整体思维　107
焦点思维　110
让图像激发想象力　111
写实的画风和求实的作风　111
幽默是思想的润滑剂　113
戏剧化是情绪的兴奋剂　114
用夸张手法拓展想象力　117
用比喻承载道理　119
败笔也能启发思路　121
图像化协调　122
图文并茂地表达　126
左右脑的完美合作　129

Chapter 6
图像化方法 133

老太太给我的启发 135
基本图像元素 136
用虚拟空间增加信息量 143
几种构图的方法 146
图像化的工具 152

Chapter 7
图像化合作 155

三个角色 157
视觉化询导 158
图像化把审判官变成设计师 164
用图像化合作降低未知的风险 169
隐喻是图像化合作中的超级武器 171
从隐喻到共识 186
图像化合作的参与者 190

Chapter 8
图像应用的分类 195

被出卖的艺术　197
图像化沟通　201
信息图表　203
图像化合作　205
学习图　211

Chapter 9
无形的力量 217

一个CEO的私人请求　219
潜意识的能量　220
启动潜意识　224
众志成城　228
情感的份量　229

结　语 237

■ 推荐序一

实时图像咨询，企业咨询的新方法

朱正中[①]

第一次认识张展鸿先生是在芝加哥的一次会议中，在接触中知道张先生也是从事管理咨询工作的。第二次见他是在他住的城市，俄亥俄州的托莱多市。两次见面我们都谈得很投机。在这个过程中，我发现他和传统的咨询顾问很不一样，他在咨询过程中所使用的方法非常新颖。一般的咨询顾问都是进行幻灯片演示及口头阐述，但是张先生是采取现场绘图的方式来收集和组织信息，并描绘公司的现状及问题，提供更深入的讨论环境，达成商业思维模式的共识，这与我们传统的用文字或语言表述的方法迥然相异。实时的图像化表达不仅生动，而且能很快抓住企业高管的注意力，延长他们的记忆时间，这是我们都有的经验。企业的高管们在会议中经常各有各的想法，而且由于工作繁忙，不容易

---

① 朱正中，曾任可口可乐中国有限公司总经理、副总裁，香港友信行 CEO（首席执行官），上海梅迪派乐公司运营总裁，美国托马斯集团（Thomas Group）中国区总经理；现任恒安国际董事，上海锐成咨询公司创始人；著有《必备决胜职场》一书。

专心。但是张先生的绘图方法可以抓住每一个参会人员的心，并且图像一目了然，更易激发大家进行头脑风暴。心理学的报道也证实，图像信息要比文字信息更加容易吸收。但是要做到这一点，不仅需要丰富的管理知识，而且需要艺术天分。我很高兴，张先生能抽空写作这本书，普及这种技能，给从事咨询行业的人和企业管理者一个崭新的视野。我相信这是一本让人人都能受益的书。

推荐序二

一图千言

卡森·戴[①]

"我怎么说都说不清楚。"

张展鸿先生说:"让我们画一幅画吧。"

张展鸿先生如此奇妙地证明了这样一句美国的格言:一图千言(A picture is worth a thousand words)。他让我真正看到一幅图像是怎样抵上千言万语的。

我已经认识张先生10多年了,至今还是惊叹于他能够使许许多多错综复杂的问题在画笔下一目了然。我所做的战略和领导管理方面的工作是极其复杂和包罗万象的,而张先生对数量和质量的综合理解能力及独特的表达方法能使各种复杂的抽象概念和含义变得容易理解,他确实将右脑与左脑完美结合起来了。

[①] 卡森·戴,美国医疗界著名咨询顾问,卓越领导力咨询公司CEO,多次获得美国卫生保健管理学院的詹姆斯A.汉密尔顿年度图书奖。著有《医疗行业领导者的行动、意识和感知指南》(*The Healthcare Leader's Guide to Action, Awareness and Perception*)、《卓越的领导力:16种医疗主管的关键能力》(*Exceptional Leadership: 16 Critical Competencies for Healthcare Executives*)等十几本畅销美国医疗界且颇有影响力的管理书籍。

在这个被短信、电子邮件、智能手机和计算机充斥的快节奏世界里，我们常常忽略了文字和短信的真正含义。我们常常因为不能理解大部分沟通的深层含义而苦恼不已，张先生真的能够用他的图像去描绘那些难题。你的生活、工作中有没有这样的难题？比如难以形容的，无法描述的，无以言表的，模糊的，朦胧的，难以定义的，混沌不清的，星云一般的，大象无形的？如果真的碰到这样的难题，那就打电话给他吧！噢不！都来读这本书，你能学会你本来难以学会的东西。

这是最基本的常识——在生活中，要想把任何一件事情做成功，你都一定要先把这件事情搞清楚、弄明白。张展鸿先生用这本书展示了为什么图像化一定能够帮助你。

■ 推荐序三

图像是把潜意识意识化的最佳途径

曾奇峰[1]

展鸿曾把他写的书其中一个章节发给我看，我们还约了时间在电话里讨论，最后我发现，我们的工作在某些方面针对的是同一个东西，即人的潜意识。

弗洛伊德认为潜意识是罪恶的渊薮，荣格则认为它是智慧和创造力的来源。在这一点上，显然荣格要高明一些。能够成为潜意识的内容，是被反进化的力量打压的，解放它们，本质上就是解放人的天性和发掘人的无限可能性。

展鸿独辟蹊径，把可以完整展现潜意识的图像化方式用于指导现代企业，以使它们获得更大的内部凝聚力，有更协调的一致行为。可以想见，一个在"图像"这个极为原始的表达方式基础上建立的企业帝国，会取得多么辉煌的成就。

对个人而言，潜意识影响命运；当它用于企业，就决定企业的命运。图像是把潜意识意识化的最佳途径。

---

[1] 曾奇峰，著名心理医生，著有《你不知道的自己》《幻想即现实》等书。

仅就意识化的效果而言，图像高于语言，因为语言过于抽象；图像也高于行为，因为行为过于具体。图像集语言和行为二者之优点，使意识更加清晰。

恭喜展鸿，在潜意识的平台上，可以把最原始和最现代、最艺术和最功利结合得如此之好。

引 言

我在美国 20 年来的咨询工作中，在世界 500 强及其他著名企业中创造了一个又一个以图像化商业咨询的方式实现战略目标的成功案例。面对包罗万象的商业世界，我一直在摸索，试图寻找一个最有效的方法让管理人员看到商业系统的全貌，看见企业未来的道路，看见团队合作的创造力。我得到过无数的掌声和喝彩，我本来以为老总们是在为我的商业智慧和艺术才华而惊叹，后来发现，他们并不完全是在为我鼓掌，而更多的是在为企业战略图像化促成了团队的无间合作而鼓掌，为他们自己的战略杰作而鼓掌，为他们借助图像化打破局限、站得更高、看得更远而鼓掌。当我认识到这一点后，我更加欣慰。因为这意味着图像化不再是我个人的独特知识和技巧，而是一种能使更多的管理者们受益的奇妙方法。这种奇妙的方法既能使商业会议更易得出可执行的方案和结果，又能使参加会议的管理人员合作愉快。所以，我想把这些经验写下来，让更多的人了解并且学着运用这个方法，为企业创造更好的效益，为自己创造更好的未来。

放眼目前的商业世界，可谓"大象无形"。"大象无形"源于老子的《道德经》，意思是形象大到无以言表，包罗万象，变化多端，不能定性。就像宇宙一样，它的形状无法用肉眼直接看清,很难用人的所见所闻去描述,因此这样大、这样丰富的形象就成了无形的。

商业上的"大象"是比喻那些在行业中,在产品、资金渠道及生产资料方面有强大市场影响力的企业。比如世界 500 强企业,它们的市场和运作系统既庞大又错综复杂,很容易使人一叶障目。更何况商业行为本身就是抽象的观念,无象可观,无形可查。

但是,大象无形不代表什么也看不见。宇宙无法用肉眼直接看清楚,但是借助工具就可以看到。

同样,关于商业市场和企业运作系统,我们直接用眼睛看不到,但是借助图像就可以对既抽象又宏观的经济世界有一个直观的印象。

你有没有试过不看示意图把宜家的家具部件组装起来?你有没有试过开车去一个陌生的目的地而不看地图?你能不能想象建筑工人要建造一栋大厦却没有蓝图?你能不能想象造船厂建造一艘轮船而没有设计图?你能不能想象军事将领讨论战略部署调兵遣将却不用作战地图?你一定会说这些是不可能的。那为什么企业的领导在制定经营战略时却偏偏缺了一张至关重要的战略图呢?其实家具、路线、大厦、轮船虽然不是"大象",但因为内部结构复杂,用语言很难准确地形容和描述出来,所以需要示意图、地图、建筑蓝图、设计图。很多和我接触过的老总都告诉我,其实他们脑袋里也有这么一幅公司管理系统图,但不知道怎样表达给其他人。如果有一张商业战略图使商业大象一览无余,供经商者指点江山，那将是一件何等的美事啊！我正是想通过这本书成人之美。

市场包罗万象，大象无形。科技飞速发展，促使信息时代的经济市场更加变幻莫测。一个企业如果不能看清市场的变化，不能随机应变，那么一个企业的价值主张很容易突然失去存在的意义，导致企业一夜之间被淘汰。这不是危言耸听，价值主张就是表明消费者为什么愿意花钱买你的产品和服务，这是每一个企业赖以生存的基础。比如说GPS（全球定位系统）定位仪的价值在于让司机不需要停下来看地图就知道自己的位置和去往目的地的路径，于是消费者一开始愿意花300多美元去买。但是之后，谷歌在智能手机上免费提供地图，虽然它并没有想在GPS的市场分一杯羹，只是为了增加自己的搜索引擎的价值，却让定位仪的主要卖点消失了。请大家注意，这里消失的不是一个企业，而是整整一个市场。

同样，个人电脑的出现使大型电脑无处容身，数码相机出现以后胶卷相机市场消失了。巨变还在发生，正在上演的是优步和滴滴的出现使出租车行业岌岌可危，将来的自动驾驶会改变客运、货运及停车场的服务价值定位，真空管会影响航空、高铁甚至城市房地产的价值定位。而图像化商业管理能够帮助商家换位思考，在价值定位上有超前创新的理念，从而满足客户自己都想不到的需要，开辟产品和服务的全新领域。这些市场变化本来是无形的，但是如果我们能够有意识地去努力看清楚这些变化，不断进行战略调整和战略转型，我们企业的应变能力就会越来越强。

网络信息大数据是大象无形的，并且由于信息量的加速增加，文字信息如洪水般涌入我们的大脑后，往往成为过眼云烟。因为信息量的激增，个人对信息的分析能力相对降低，个体的智慧和才能也相对越来越有限。在这变幻莫测的信息变革时代，如何让企业管理人员对如此浩大的信息有直观的认识，突破狭隘的个人思路呢？图像化商业管理能够帮助企业管理人员对商业信息和创新想法有直观认识和创想空间，并且通过思想和图像之间的转化过程捋清思路，找出解决方案。

从个人思维能力方面来说，现在的教育使人过于依赖左脑思考忽视了对右脑的开发，造成很多人的思路越来越窄，越来越僵化。也是由于信息量的加速增加，每个人能接触的信息多如海沙，个人的思维就像沙滩上的海水，很容易就渗透到海沙的底层，无法感知大海的广阔。正所谓"一叶障目，不见泰山"。图像商业管理能够帮助我们更客观、更全面地看待、思考和处理各种管理问题，也能教那些自认为没有绘画天赋的人如何用图像化思维和表达方式进行个人目标价值的定位，从而认识到个人变化的必要，并帮助企业决策者认识到企业变化的必要。

企业管理者的经历、思想、信念、价值观各不相同，企业文化和管理制度可能使他们在应变过程中畏首畏尾，如履薄冰，甚至错失良机。图像化为管理人员提供了一个对事不对人、按图说事的安全区，把参与人员放到一个幽默轻松安全的环境中坦诚地面对现实，从而使之放下包袱，憧憬未来，树立新的目标，明确新的使命、愿景、价值观和公司文化。

跨地域、跨文化、跨职能的多元化团队大象无形。唯有多元化团队才能弥补个人思维的单一局限性。企业本来就是一群人在合作做生意，所以企业的行为也是群体的行为而不是个人的行为。在大企业里有很多团队，大多数团队的管理人员都是精英人才，每个人都有很大的能量，都有自己的想法，如果各执一词，在很长时间内难以统一意见，就会造成战略计划滞怠甚至流产。

我根据亲身经历总结出图像化商业合作程序，以捕捉每个人的意见，综合众人的看法，然后把企业决策者的思维带入设计模式，使之成为企业的设计者。我称这个过程为横向战略协调（horizontal alignment），它基本能够使企业管理者在短时间内达成战略统一。在实战中，我们帮助许多公司建立了一个又一个统一思维模式。

经营思维大象无形，如何让各级管理人员和基层员工都理解这个思维？如果有一个公开透明的思维模式，决策层就能够看到基层的需要，针对具体情况进行具体分析，进而对思维模式进行调试改善；基层也能够看到决策层的需要，可以高瞻远瞩，最终使每个员工都拥护新的思维模式并且全身心投入，支持变革。我给这个过程起名叫纵向战略协调（vertical alignment）。一个大型企业在实施战略转型时如果能够做到上下协调，就可以创造奇迹。

图 0.1 是以图像概括的这本书的主要内容。

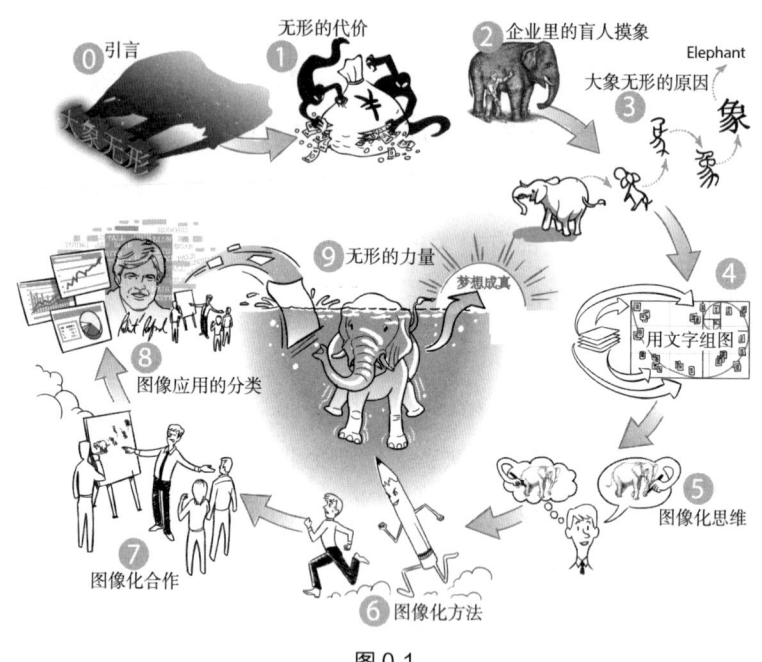

图 0.1

第 1 章和第 2 章讲的是企业为什么需要商业图像化，企业因为大象无形所蒙受的损失，企业在风云变幻的市场上所需要具备的视野，商业模式运作对图像化的需要。第 3 章讲商业为什么会大象无形，从历史、科学、逻辑等方面论证文字和图像的功能、价值和作用。第 4 章到第 7 章讲的是如何利用图像化使商业大象显现出来，如何以构图的方式书写，如何用图像思考，如何画图，如何使用图像语言，如何进行图像化合作，如何利用图像专家。第 8 章是对商业管理图像化市场进行分类，给管理人员选择图像化咨询服务做参考，也为市场上的图像化的玩家提供一个服务质量标准。第 9 章讲图像化过程中艺术加工的价值，特别是图像通过潜意识给人们带来的深远影响。

本书是写给企业中所有的管理人员的，帮助那些价值观明确、讲究实际的商业人才理解图像的实际价值。是的，图像除了视觉上的艺术欣赏价值以外，还有实打实的可以衡量的实际价值。本书同时也为管理人员提供一个全新的图像化管理方法，你可以边看书边做图像化练习，按照书上的方法画，你会发现自己也能画得不错。当然，你也可以找几个同事一起练习图像化合作，或者按照书上的分类找相应的图像专家帮忙。本书也是写给图像化从业者的，教授如何从商业的角度来看图像化的价值，从而提供符合商业需要的名副其实的图像化服务。

我十几年前就开始用英文写这本书，只是英文是"表音语系"（参考第3章），用来表达这本书的内涵不如中文得力。中文是"表意语系"，非常适合图像化思路，所以换成中文写作后6个月就基本完成了。时间是写这本书的另一个极大的挑战。作为咨询顾问，我的工作非常繁忙，需要经常出差为客户做现场图像化咨询，因此这本书有一半是在飞机上写的。这些年我几乎跑遍了全世界，我发现做图像化咨询最多的国家是德国、瑞士和美国，恰恰这三个国家又基本是世界上经济最发达、商业理念最超前的国家。也许正是因为这样，这些地方的企业决策者能首先认识到图像化的作用吧。无论如何，我认为应该把图像化的概念介绍给国人，希望中国的商业界能够从中得到一点启发和益处。

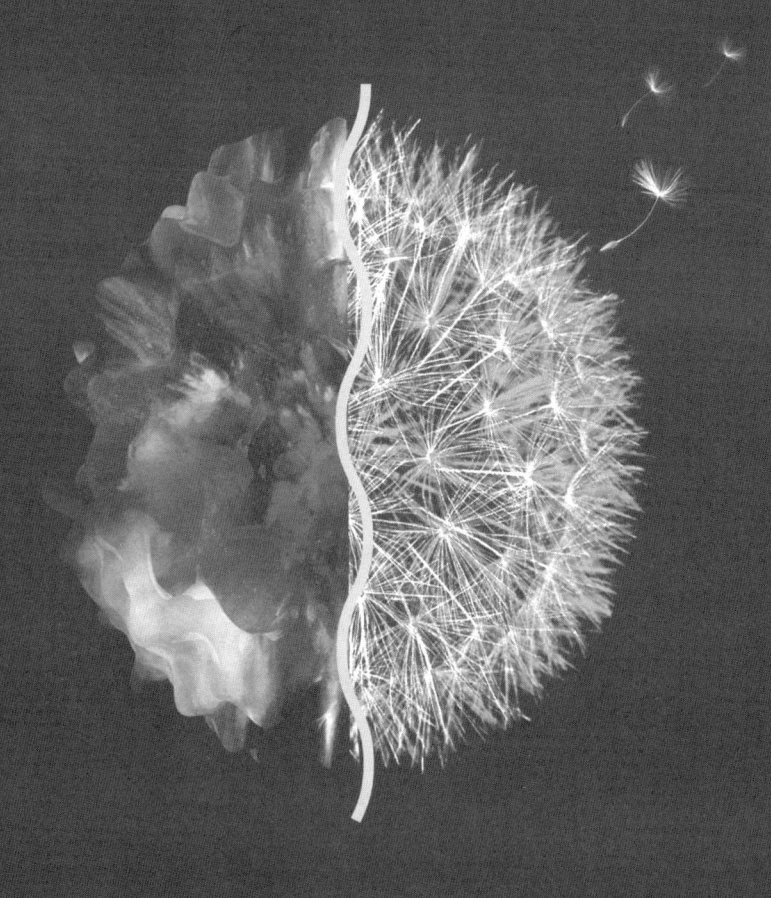

Chapter 1
无形的代价

所谓"耳听是虚,眼见为实",但我们在进行商业沟通时常常是长篇大论地讲,似懂非懂地听,所看到的信息都是来自经过提炼总结的幻灯片。大家有没有想过,按照这种惯例运作,我们的企业有什么隐患?给企业造成的经济损失有多大?对个人有没有什么影响?为什么面对商业的大象无形,我们都在混混沌沌地摸索?为什么没有人想过把"大象"画出来,让我们的管理人员看见呢?

无形

举棋不定的代价

经过与客户决策层的12位管理者3个半小时的激烈讨论，我、约翰、阿朗佐三人成功完成任务，从会议室里走出来。我们的客户是美国中部的一个医疗机构，会议的目的是战略整合。在楼梯口，该机构的人力资源副总裁贝斯女士从后面追上来问："你们是怎么做到的？！"

我们停下来，阿朗佐回头问："做到了什么？"

贝斯接着说："这个战略方案我们12个人讨论了一年多，开了许多次会，大家一直无法统一意见。你们却仅仅用了3个半小时就让大家痛快地达成了一致的意见，太谢谢你们了！你们是怎么做到的？"

约翰和阿朗佐感谢了贝斯的赞赏，但是不知道怎么回答她的问题。他们指着我说："秘密都在这个用图像玩魔法的人身上。"

我当时也不知道怎么回答。回去的路上我就一直在琢磨贝斯的话。12个决策人员讨论了一年多的战略问题都没能有效地执行贯彻,无形的代价是什么?12个人一年多时间无效开会的人力成本,假定战略导致的财务增长率为2%,以及其他可行方案的机会成本①,对于一个年财政收入达17亿美元的医疗机构来说,这是一笔多大的经济损失啊!由此可见,完全依赖语言和数据进行战略计划是很难有结果的。

经营战略计划是无形的,用传统的商业会议确定战略常常让人举棋不定,这样做的代价极高。

没有蓝图的代价

在北美,有70%的企业在战略转型时由于人的原因而失败。管理人员在战略执行的过程中开了大大小小无数的会议,看了成百上千张幻灯片,不断进行口头传达,而这一切的努力都失败了。问题出在哪里?举个例子,把同样一幅由成百上千块拼图组成的美丽图案打乱后分别交给不同的人,在不提供原图案样板的情况下让他们在最短时间内把拼图还原,并记录时间。你觉得每个人所用时间的差别会是多少?虽然拼图的复杂程度不同,但通常会有两到三倍的时间差,而这个差别就导致许多企业贻误了战机,也是很多战略转型流产的原因之一。

传统的经营战略沟通是依靠幻灯片,决策层领导在大会上传达,这些幻灯片正像一块块拼图,每张幻灯片之间的联系是靠

---

① 机会成本是一个经济概念,当你有几个赚钱方案时,你选择了第一个方案,那么就丧失了第二个方案的利益,机会成本就是第二个方案的利益。

每个人自己想象的。幻灯片是按顺序放映的，通常人们在看到第六七张时，对第一张的内容就已经印象模糊了，更不用说去考虑这几十张幻灯片之间的联系了。另外，人们对战略信息是片面接受，单一执行，对其他部门的执行方案一无所知，无法在战略的整体执行上进行协调，以相互配合完成战略计划。面对新的战略部署，人们并不清楚自己该做怎样的调整，所以缺乏安全感，只能继续按部就班。即使有少数人理解了战略信息，由于不能在实践中得到巩固，所以也很快忘记。用会议和幻灯片传达战略就像是把一幅拼图的成百上千块小块撒向全体员工，让他们自己去组图一样。企业管理者如果用这种传统的方式去执行战略是不负责任的，70%的失败率也就不奇怪了。对于大型企业，70%的失败率在经济上会付出什么代价？

战略沟通是无形的，看不见战略模式的代价极高。如果有一张战略蓝图，让所有人都能看见自己那一块拼图的位置，以及如何与他人的拼图进行衔接组合，那会多么有帮助。

消极抵制的代价

早年间，百事可乐和可口可乐在汽水市场角逐，当时可口可乐公司的规模是百事可乐公司的三倍。百事可乐的管理者获得了新市场信息：婴儿潮一代的消费习惯发生变化，人们的健康意识提高，消费者青睐新产品，等等，都促使市场上产品需求量的下降。他们针对这些市场信息制定了产品多元化的转型战略。战略非常英明，但是在执行过程中遭到广大员工和工会的强烈抵制，原因在于当时的卡车集装箱的设计是为了使传统产品装卸方便、有效率，而当时流行的新产品是玻璃瓶包装，容易破碎，而且尺寸不一，装卸、排货架都非常麻烦，耗时耗力，直接影响员工的业绩。工人们认为不需要开发新产品，只要为传统产品多做广告就行了。工人们得到工会的大力支持，新战略的实施举步维艰，就这样僵持了两三年，公司想了很多方法进行推动都无济于事。借助我们的图像化的帮助，员工们的态度奇迹般地有了180度的大转变，从消极抵制变为积极执行。经过一系列的学习图讨论，百事可乐上下齐心，成功而迅速地进行了战略转移，百事可乐公司的规模从可口可乐公司的三分之一变为与可与可口可乐公司不相上下（见图1.1）。如果没有图像化的帮助，无形的代价会是什么？

市场是无形的，看不见它的代价极高。

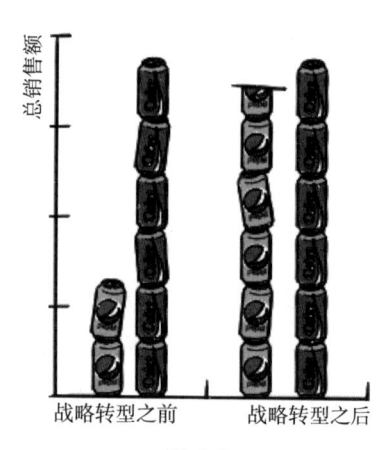

图1.1

隐藏的成本

管理人员通常用资产负债表、财务报告、现金流量表之类的工具来表达公司资金周转的信息，这些数据只有公司的少数领导关心，但是真正能够影响这些财务绩效的是全体员工。如果我们不把所有花钱的地方和所有赚钱的地方呈现在员工面前，很多人就无法认识到二者的关系是什么，员工就很难认识到从自己办公室里的一张纸、一支笔到市场上的每一单销售对企业业绩和企业效益有什么影响。如果全体员工都在这些小的开销和进项上随随便便，对于整个企业来说，代价又是什么？从客户方面讲，大客户订单多，小客户订单少，但所有客户经理都认为自己的客户最重要，要为其提供最好的产品和服务。可是公司资源有限，有时候大客户要求多、服务成本高、利润少，小客户要求少、服务成本低，利润反而高。很多时候，公司把大部分资源用在大客户身上，结果是费了九牛二虎之力保住了利润少的大客户，却丢了利润多的小客户。

资金周转是无形的，隐藏的成本极高。

情感有价

很多企业都存在这样的问题，看不到人是有情绪的，机械地执行抽象的战略计划，不能具体问题具体分析，造成员工被动地执行命令。积极主动和消极被动的工作结果有多大的区别？试想同一件事你不得不去做和你主动想去做，结果有什么不同？

我很喜欢烹调，所以烹调就成了我的业余爱好。由于工作很忙，我不经常做饭，但是每次做菜都讲究色香味俱全。有一次，我夫人工作累了，好像心情也不好，所以大声呼喝我去做饭，还讲了好多理由说服我，我就不情不愿地应付了一番，结果做出来的菜不堪入目，味道也很不好。另一次，我看见夫人坐在沙发上看国内烹调杂志，她指着其中一道佳肴，口水都快滴下来了，说希望有一天回国去品尝。我脑海里出现了她看到那道美食惊喜的样子，于是我把那道菜研究了一下，精心烹制出一道看上去和照片上一模一样的菜，味道也很好，着实让她惊喜了一番。可以看出，不同方式导致不同态度，又会产生不同的结果。

公司员工的心情对他们的产出有没有影响？我相信大家一定会说有。但是有多大呢？我们公司附近有一家中国餐馆，我经常和同事去那里吃午饭，去的次数多了，我就和老板、老板娘成了朋友。老板在厨房炒菜，老板娘在外面招待客人，他们和所有人一样有喜怒哀乐。我和同事每次去吃饭，基本上都点自己喜欢的那一道菜，很少变换。但是我发现，如果他们夫妻有什么特别高兴的事儿时，老板娘的笑容就不一样，老板炒的菜也特别好吃，我同事也会多给一元钱的小费。我想，那天在餐馆的多数客人都会多给一点小费吧。假如10元钱的午餐，成本是8元，利润是2元。平时小费是2元，那天会多出1元，那么这家店的利润会增加 $1/(2+2) \times 100\% = 25\%$。这就是那天的好心情给他们带来的价值，也许还应加上因此增加的回头客所产生的效益。这只是一个小小的餐饮店的情况。

那么我们可以由小看大，以此类推到大企业。假如苹果公司全体员工人数大概是 7 万人，2016 年的利润是 469 亿美元，人均创造利润 67 万美元。如果大家每时每刻保持好心情，全身心投入工作，我相信也会有 25% 的利润增加，相当于 117 亿美元。这个数字看上去实在让人难以置信。虽然让所有员工一年四季每天每时每刻都保持好心情几乎是一件不可能事情，但是使员工有好心情的时间增加却是绝对可能的。也就是说，拿到 117 亿美元中的一部分是绝对可能的。我把这增加的 25% 定义为"情绪价值"（见图 1.2）。如果对员工的情绪和感觉视而不见，我们所付出的代价就是丧失全部的"情绪价值"。很多企业精心经营企业文化就是为了争取一点情绪价值。

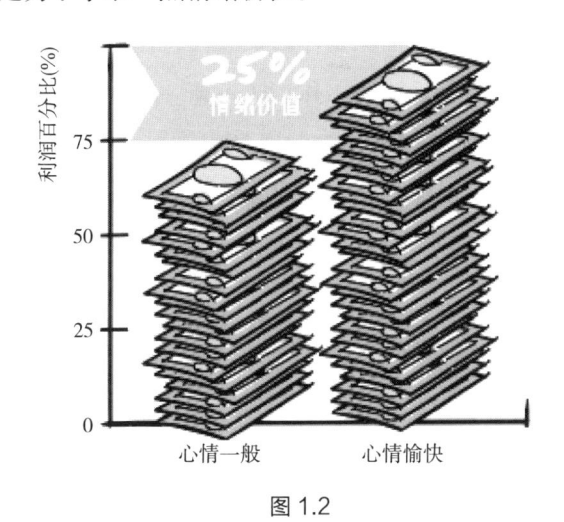

图 1.2

在同样的经济环境、产业类型、发展战略、经营状况下，如果能够让每一个员工在每一个工作日都开心、积极、主动地工作，那么我们就能够获得全部的"情绪价值"。但是在现实中，让每一个员工在一年中的每一个工作日都开开心心、积极主动是不可能的，因为人有旦夕祸福。所以从概率上讲，能够取得"情绪价值"的一半就非常成功了。图像能够影响人的心灵和情绪，承载正能量信息的图像使人愉悦、好奇，让人轻松地去领受、执行、实现。图像能够调动人的右脑思维，刺激人的创造欲。人类历史有上百万年，文字的历史只有几千年，在文字出现前，人都是借助图像思考的。因此，对图像信息的反应是人类最原始的能力，而且图像质量越高，观者越感到愉悦。如果能把文字和高质量图像巧妙结合起来，把公司的远大愿景向员工有效地传达，是否能够使员工的积极性持久一点呢？实践证明，图像化的方式帮助许许多多企业提高了员工整体的积极性，让员工不但提高了思想认识，而且全身心地投入工作，还不是一时兴起，而是持久不断地投入。图像化是增加员工好心情时间的基本方式之一。当然，个人也能够用图像化的方式提高实现个人目标的积极性。

企业员工的情绪是无形的，看不见情绪的代价极高。

没有使命感的代价

大家想没想过人为什么要工作？是为赚钱而工作吗？也许有很多人这样认为。如果真的是这样，那么你一定处在一种被动的状态，和前面讲的因为命令被迫做事是一样的。

许多年前，美国一些心理学家就做过这么一个有趣的实验：他们把一群孩子分成两组，玩同一个简单的游戏，一组给钱，一组不给钱，结果给钱的那组孩子先对那个游戏失去兴趣。所以，以赚钱为目的的员工一定是被动工作，没有发挥主观能动性。如果老板的控制欲比较强，常常对员工发号施令，也会造成员工被动工作。正确的目的，是让员工积极工作的强大催化剂。

与赚钱这个目的相比，崇高的使命通常是大而空的，员工很容易在日常工作的挑战中把这些目的和使命抛在脑后。就像在风暴中行船的水手，他们看不到陆地，满眼只见一个又一个的巨浪，对他们来说那就是一种绝望的境界，很多人就这样放弃了。如果水手脑海里有一张航海图，在风暴中划桨时知道距离海岸有多远，他们就会努力克服一切困难向陆地前进。看得见和看不见目标的差别就在这里。如果在工作中也有这样一幅使命图或者愿景图，会让员工在日常工作的挑战中保持希望和目标。愿景图像化能够帮助员工把愿景印在脑海里，在很长一段时间内时刻激励员工的士气。如果管理者一篇充满激情的演讲只在员工大脑里停留一时半刻便烟消云散，那付给商业顾问的费用，花在战略制定上的时间和人力成本，花在沟通和执行上的人力、资金和时间，都是巨大的代价。

企业使命感是无形的，看不见工作意义的代价极高。

没有信心的代价

70%的企业改革计划由于人为的原因而流产。因为将来无法预测,人们对未来没有信心时,就会在自己熟悉的事情上拼命努力,美其名曰"不打无把握之仗"。

我有钓鱼的业余爱好,在美国钓鱼是穿着水裤走到齐腰深的河水中,再把鱼钩甩向水流中。有一次,我在家附近的茂密河钓鱼,那天刚下过雨,河水浑浊湍急,看不见落脚之处,河床又崎岖不平,我很担心一脚踏空跌入河中被冲走,所以我一点一点往前蹭,走了十几分钟后回头一看,离岸边不过 20 米。几天后我又去同一个地方,那天是晴空万里,因为河水清澈见底,所以我走得很快,同样的距离我不到两分钟就走到了。这说明,可视度给了我很大的信心。

员工在面对未知的时候都需要一点对未来的可见度,只有对公司的战略方向有信心,员工才不会紧紧抓着目前的活儿不放,在执行新战略时行动迟缓,贻误商机。否则,如果企业战略是争夺新市场的话,很可能因此失了先机,输给竞争对手。正如前述例子,百事可乐和可口可乐其实都看到了新的饮料市场、新的客户群,只是百事可乐把公司的前景和战略图像化,大大加强了全体员工的信心和动力,抢先占领了新的市场。

企业的未来是无形的,看不见前方的代价极高。

无视全局的代价

认识到大象无形需要有一种胸怀天下的气度,这种气度往往是源于顾全大局、高瞻远瞩的眼光。这就需要把企业和市场的大局画出来给大家看。正所谓"耳听是虚,眼见为实",如果员工看不见企业的大局,看不清自己在企业中的位置,就可能会为小团体的利益而抗争。面对有限的资源、权利、客户和对个人发展有利的项目,各个部门、各个群体之间难免有竞争。更多的情况是,各个部门过于关注自己的任务,看不到整体的利益。或是看不到自己的观点和其他人的观点有什么联系,无法从其他人的角度看问题,为自以为正确的观点而进行无谓的斗争。这样的话,大家在战略执行中就会缺乏配合或互相牵制,甚至因内部争斗造成内耗,使经营战略流产。

企业运作系统是大而无形的,看不见它的代价极高。

被动的代价

盖洛普民意调查显示,70% 的美国雇员对工作没有热情、不投入、消极被动,造成全美国生产力价值的流失达 4 500 亿到 5 500 亿美元。该调查还显示,94% 的中国雇员对工作没有热情,26% 的人有消极情绪。研究发现,不管在哪一个国家,一个有消极情绪的员工的工资有 34% 是被浪费的。我们可以据此推算一下,一个企业因员工的消极情绪导致的损失是多少。[①] 作为企业管理人员,你想不想挽回这些潜在的损失?想不想化弊为利?想

---

① 如果一个企业有 10 000 名员工,那么就有 2 600 人是有消极抵触情绪的。如果这个企业的个人年平均工资是 50 000 元,那么这个企业每年的损失就相当于 2 600 × 50 000 × 34%=44 200 000(元)。

不想让自己每天充满热情地工作？读一读这本书，试一试图像化管理，看看结果如何。

个人目标是无形的，看不见目标的代价很高。

很多美国人每年都做新年计划，但是实现率只有8%。如果你的美好理想的失败率在90%，你觉得代价是什么？有人总结了一些经验和方法来提高成功率，如把目标写下来，找朋友监督，等等。我给大家介绍的是图像化方法。

综上所述，把上面所有无形的代价加起来，我们会发现它是何等惊人。稍微做点什么把无形变为有形，肯定能给你带来惊喜。图像化虽然不是唯一的方法，但是通过多年的咨询实践，我认为它是最有效的方法之一。

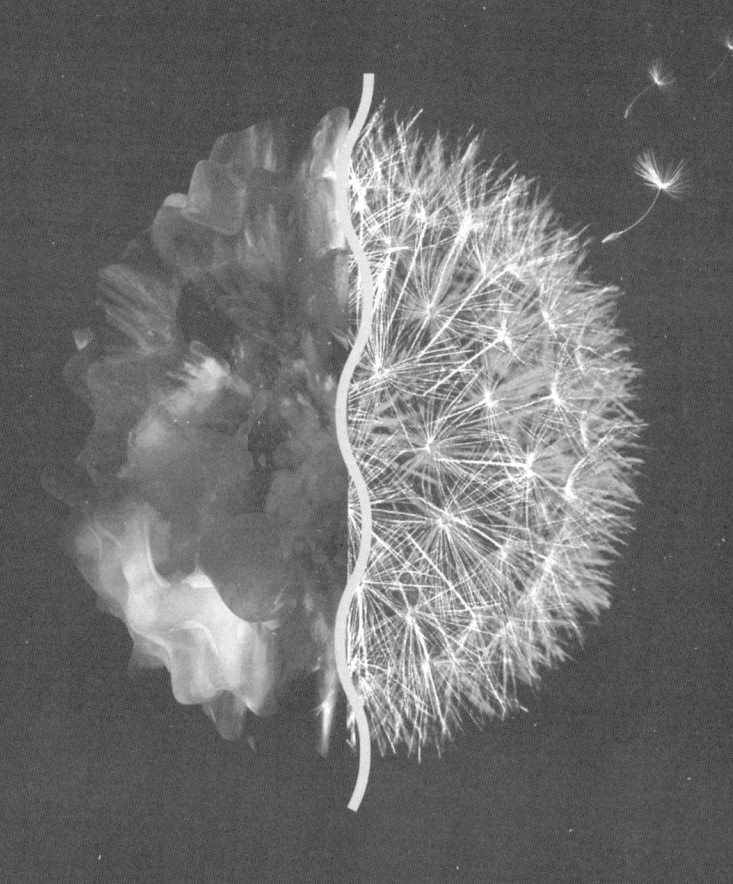

Chapter 2
企业里的盲人摸象

商业"大象"虽然无形,但是真的不能看见吗?还是管理者们没有想过要去看一看,于是大家在不知不觉中做了盲人?

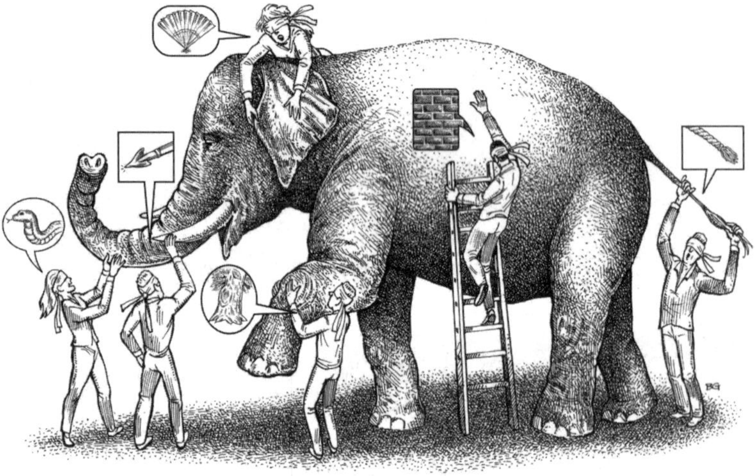

企业管理层愿意不愿意自己的企业文化被理解、支持，员工们相互合作、信任并进行创新？一个企业的成功是在于最先制定战略的几个决策者，还是在于最后执行战略的成千上万个员工？作为上级，你想不想使自己的商业意图被属下领会，想不想让下级员工知道如何面对具体问题并灵活处理？作为下级，你希不希望自己充分理解上级的指令，知道如何去做，同时，上级管理者能体会下级执行者的具体困难？要解决这些问题，图像化一定能够对你有所帮助。请大家观察下页的图表现了企业中的一些什么问题（见图2.1）。

数据中看不见的信息

市场对信息视觉化的需要日益增加，但不是所有的信息都在数据中。这个时代正在经历一场消费主义风暴的洗礼，用户焦点

图 2.1

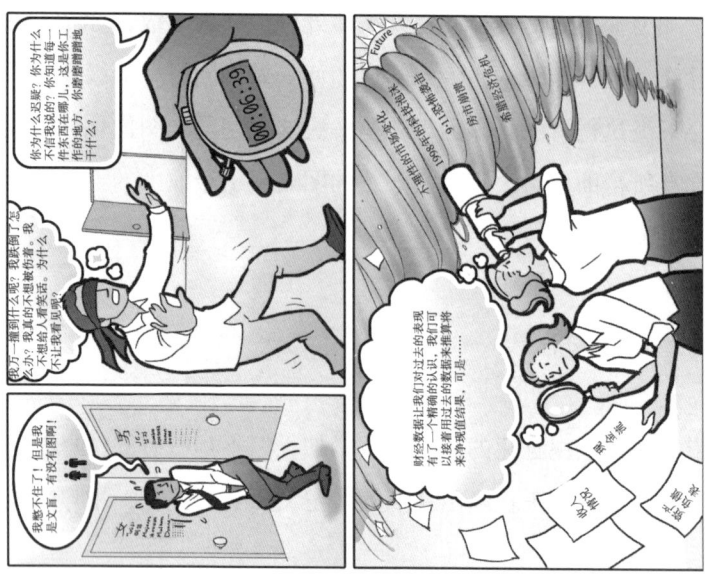

设计①风潮盛行北美。用户焦点设计是一个将信息视觉化的过程，就是通过视觉化信息和视觉设计手段来真正了解用户，帮助用户解决问题。其基本方法就是运用设计手段，利用图像、视频、观察记录、采访获得的视觉化感官信息，即数据中看不见的信息来补充数据中的漏洞，以建立用户同理心，从而设计出超越客户期待、令用户满意的产品和服务。用户焦点设计起源于工业设计中的用户人体工程学。按美国艺术学院的分法，用户人体工程学是工业设计中的一门课程，而工业设计属于应用美术的范畴，应用美术是绝对视觉化的。所以，用户焦点设计从视觉化中出来，又在视觉化中实践，是依靠视觉化存在的一个学科。

利用信息视觉化工具做市场调查，与传统咨询公司提供数据和文字信息的做法完全不同。传统的市场调研是从各个产品销售量的数据推断市场需求，问客户需要什么，这样过时的市场调查会使产品开发十分被动，因为很多情况下客户并不知道自己需要什么。比如，在智能手机出现之前，你去问用户需不需要智能手机，喜欢什么样的软件和功能配置，但用户根本没有智能手机的概念，所以不知道自己需要怎样的智能手机，直到苹果推出智能手机，把这个产品放到用户手里，他们才发现自己对智能手机的需求。

在服务行业里也是一样，我们曾经为百胜餐饮集团旗下的一

---

① 用户焦点设计是一个通过多阶段循环设计来解决问题的过程。其以产品、服务或流程为设计目标，用户个性、环境、意愿和工作方式都在设计过程的每个阶段得到充分考虑，从而设计出极其符合用户需要的结果。

个连锁品牌做用户体验设计服务，通过视觉信息去发现产品设计的突破点。那时这个品牌的很多家分店都被顾客诟病，因为点餐排队时间过长。我们派用户观察员到几家抽样的分店里观察顾客消费行为并做记录，然后把收集到的各种资料和数据铺满了一张会议桌和一面墙。在众多的资料中，我们发现一个录像记录，从里面可以看到外卖点餐车道上顾客在点餐牌前困惑的表情，随后我们安排观察员自己开车经过点餐窗口点餐，发现点餐牌字体细小，而且排列混乱，我们因此推断这是造成客户查看菜单困难，点餐缓慢的原因之一。我们把这些图像信息组织起来，展示给市场部决策层，他们看后感同身受，在没有预算的情况下，短期内更换了点餐牌的设计，结果客户满意度很快提高，连锁店的平均销售量也有提高。

有的信息虽然无法直接体现在金融报表和收支平衡表上，但却是影响结果的关键信息。企业领导需要把这些信息用图像化的方法表达出来，让员工看见，使员工站在客户角度感同身受，从而提供客户需要的产品和服务，赢得客户的青睐。

企业里看不见的鸿沟

所谓"沟通"，是先有"沟"，才需要"通"。企业的整体管理上有几个看不见的鸿沟，全体员工都有认识和看到这些鸿沟的必要。企业内部的决策层、中级管理层、基层员工之间是有断层的，这些断层大象无形，能察觉却无法看清。通过图像，我们可以看清企业外部的市场情况变化和企业内部的文化及运作现状，就像在地图上找到自己的定位一样。然后大家就会想要改变，想要移动，想要知道应该往哪里去。管理者应该勾勒出一幅令人信服、令人鼓舞的愿景，使员工建立共同的意向和目标，然后用愿景图向全体员工展示，启发和鼓舞人全体员工，让他们知道向什么方向努力，就像在地图上找到自己要去的地方，并标出来给同行的人看一样。

现实和理想肯定有差距，战略计划就是缩短差距的方法，于是我们又需要制定战略，或者明确并统一关键的战略重点，建立共同的思维模式、统一的战略思想。文字的统一不代表含义的统一，图像能够反映真正的含义，让大家理解并达成共识，这样一来，绘制战略图的过程就是一个非常有效的过程。

从图 2.2 我们可以看到三组画面。

在鸿沟的对面是决策层，他们能够高瞻远瞩、一览众山小，看到宏观市场。他们根据商业运行、信息科技、财务状况和市场需求制订经营计划，要求甚至命令下属高效快速执行。

基层员工感到困惑，看到的是堆积如山的工作任务，到处救急，疲于奔命；面对眼前的坑和土堆，无法理解战略意图，不知道具体该从哪里入手；认为上级的计划不切实际，仍旧按照自己的经验做事情，客户的需要被忽视。

中层管理人员在中间的孤岛上挣扎，试图把上级的意图和下级员工的建议结合起来，却两面不是人。他们对战略缺乏信心，不知道战略落实到自己的团队是怎么回事，于是怎么做有奖金就

图 2.2

怎么做。

企业领导需要把企业内部各种各样的间隙、裂口、隔阂图像化，从而使各级人员明确自己的责任，以修复裂痕，缩短彼此之间的距离。

决策层的困惑

企业决策层需要"知己知彼，百战不殆"。"知己"就是了解企业内部的优势和弱点，了解企业内看不见的鸿沟，这个鸿沟可能是高级管理运营层面的，也可能是企业文化层面的，需要在商业运作中对其进行填补，不断完善企业自身，以最大程度发挥自己的优势。"知彼"就是了解对手，了解天时地利，把握市场变化和动态，了解科技飞速发展对行业的影响，看到世界经济的变化趋势，认识到日益激烈的竞争，把握人才市场新老交替的变化，看到供应链断裂的危机、顾客需求的变化，等等。企业往往顾此失彼，决策层有时只知道内部策略需要适应市场的变化，却不明白内部矛盾的含义，从而对一些企业通病缺乏了解，当他们摸索着解决某些问题时，却深陷其中，忽略了外部市场的下一个变化。而另一些人则专注于外部变化，忽略内部矛盾，导致矛盾进一步发展。知己知彼，谈何容易（见图2.3）。

对于大多数市场信息，管理者是从咨询顾问公司那里得来，咨询顾问们用幻灯片为决策层展示了这些信息以后，又会加上许多的战略建议，然后让企业自己去实施。可是决策层真的同意咨

图 2.3

询顾问的说法吗？他们真的理解幻灯片中的文字和数据的含义吗？他们对战略建议的认识是一致的吗？他们能够在战略执行中步调一致吗（见图 2.4）？

很多咨询公司提供的信息很齐全，战略计划很周密，但是这些信息对自己的公司意味着什么？对自己负责的业务板块又意味着什么？这些战略建议是否适合自己公司的运作状态和企业文化？战略是死的，碰到具体问题如何具体分析？我们真的需要一个看得见、摸得着的像军事地图一样的工具，据此进行观察、思考、讨论和修改。用图像把每个人看到的情况结合起来，通过讨论，管理人员形成内外联系的整体认识。这样就能消除困惑，真正做到"知己知彼"。

图 2.4

看不见的企业文化

英文有句俗话，Elephant in the room，字面意思是屋子里的大象，比喻一个很明显的问题或者危机，但是由于其过于庞大或复杂，所以没有人愿意去挑战或者解决它，相当于中文里的"熟视无睹"。而美国大企业中有很多这样的"大象"，是战略计划执行的最大阻碍（见图 2.5）。

管理者们在正式的会议上不敢说出自己的想法，而在走廊、洗手间和饮水机旁窃窃私语，久而久之，管理者之间的信任和他们在员工中的信誉都会大打折扣，使企业内部战略合作无法进行。

图 2.5

德事隆（Textron）集团是美国一家涉及机械、航天、航空、军工、特种车辆等多种产业的企业，旗下著名企业有贝尔直升机公司、赛斯纳飞机公司、莱康明发动机公司、德事隆系统公司、易之够高尔夫球车公司。

有一年冬天，在佛罗里达西棕榈滩的布瑞克斯酒店，全公司 150 多位高管参加公司年会。在这个会议之前，我们已经和该公司的高层运营团队做过几次沟通，绘制出了市场研习探讨图和战略探讨图。我的任务就是根据与会者前一天对这些探讨图的反馈，连夜调整修改图像，让与会者知道决策层的开明，愿意采纳他们的部分建议。会议当天，当我们把更改过的学习探讨图投影在三个大屏幕上时，台下欢声四起，令人鼓舞。当时我就坐在我们公司的 CEO 吉姆·霍丹的旁边，听到他很得意地向德事隆当时的 CEO 路易斯·坎贝尔建议，试用当时刚刚上市的电子投票器做一下现场调研。我们设计的调研问题是这样的："基于这几天大家的热情探讨和对新战略的认识，在场有多少人愿意向亲朋好友推荐购买我们公司的股票，让他们参与投资未来的德事隆集团？"大家都拿起了投票器，一阵安静之后，前面大屏幕上显示出投票结果为 21%。就是说，只有 21% 的高管们愿意让他们的亲朋好友来投资公司。我当时真的傻眼了，目瞪口呆地看着大屏幕，不相信这是真的。最后路易斯打破了沉默，用调侃的语气对吉姆说："你们是不是应该退款？"吉姆很沉着地回答："你少安毋躁，让我们先调查一下再说。"

接下来几天，我们公司的团队对与会的高管们进行了不记名的采访，结果发现，大家不是对战略有怀疑，而是对决策层的不良风气和公司企业文化能否使战略得以实施表示怀疑。了解这些情况后，路易斯经过深思熟虑，领悟到要改变公司管理层，首先要改变自己，以身作则。他同时也认识到，以前自己和属下的个人交情导致了对不良行为的纵容，造成公司文化中信任的缺失。找到问题的关键后，他把这个难题交给我们解决。

我绘制了我的第一幅企业文化漫画（见图 2.6），吉姆称之为"咖啡间漫画"。因为领导们在正式的会议上把很多想法都憋在心里，只是到了会议间隙，会在休息室、咖啡间、洗手间等地方闲聊。

图 2.6

相信大家都有这样的经历和体会，到了洗手间碰到自己信得过的同事，先弯下腰看看马桶隔间有没有腿，然后才开始讲出自己真正的想法。这些在公开场合避而不谈的问题就造成很多隐患，成为战略执行的重重暗礁。领导们围坐在一张圆桌上做决定，大家都戴着开心的面具，面具背后是他们真实的想法，他们喝着好好先生牌的水，对危险尖锐的关键问题避而不谈，如果真有重要的事情就写纸条塞入 CEO 的邮箱，纸条上写着："我们可以私聊吗？"还有一些业务部门的领导没有被邀请坐上有重要决定权的人坐的桌子，只能坐在旁边的小餐桌上，不能和一些受到重视的关键部门的领导们一起规划公司的未来。有的领导显然在墨守成规，抵制转型，他们似乎拿着盾牌，上面写着"我的业绩达标了，你动不了我"。需要讨论的问题被严严实实地盖在餐盘里。新的战略瘫痪了，坐在轮椅上。一半的领导认为应该齐心协力，一半的领导认为应该各自为政（见图 2.7）。

当这张图在德事隆管理者面前首次亮相的时候，大家都说"画得太夸张"，还有的人说"这不公平"。我们没说话，沉默片刻后有一位管理者说："其实我们大家都知道，正是这种避而不谈的行为阻碍了我们。"

接下来，我们邀请领导们在漫画上以投票的方式标注出三个影响重大的行为。确定标记最多的几个行为后，大家一致认为再也无法回避图像上显示的这些问题了，必须根据战略需要制定一套新的行为规范。那是一个很艰难的行为转变过程，有几位不能根据战略转型进行调整的管理者被迫离职。

在随后的 150 位高管参加的大会上，路易斯和大伙分享了"咖啡间漫画"，以及决策层共同制定的新的行为规范，与会高管们的反应惊讶而热烈，有的人说："我简直不敢相信，你们知道我们背地里是怎么谈论你们的！"有的人说："你们有勇气面对自己的错误行为，并展示给众人引以为戒，令人敬佩。"还有的人说："既然决策层身体力行，根据战略改变自己的行为，我们也应该这么做！"

德事隆的转型获得了成功，由此我们可以看到，反映企业状况的图像化对改善企业文化、促进战略实施起到了关键作用。从此以后，"咖啡间漫画"成为根源公司又一个咨询利器，成为帮助企业认识现状的重要工具。

图 2.7

图像化的战略沟通

军队打仗需要绘制战略军事地图，企业经营也需要绘制经营战略图。

要使一个大企业进行战略转移，仅仅认识到现状还不够。决策层还需要为自己和全体员工绘制一个看得见摸得着的前景、一个令人鼓舞向往的愿景、一幅令人信服的未来蓝图，建立共同的意向和目标，然后用愿景图与全体员工沟通，让员工从中受到启发和鼓舞，知道往什么方向努力。试想一下，如果我们把目的地的美景向同行人描述，也许同行的人会将信将疑地向目的地摸索，但如果我们把目的地美景的照片给他们看一下，同行的人们一定会快马加鞭向目的地急驰。耳听为虚，眼见为实，如何呈现这个令人鼓舞的愿景，并且让人信服呢？

我们可以把这幅愿景描绘出来（参考第6章）。如果你觉得自己是高瞻远瞩的领导，你想到的和看到的未来别人看不到，同时又希望全体员工共同努力到达那个地方，那为什么不把你所看见的美好未来展示给你的员工呢？企业愿景图是我们在美国许多著名企业的管理层中常用的一个非常有效的咨询方法。

当我们知道了自己的位置，有了目的地，查看了目的地的风景，下一步就是选择路线，谷歌地图会为我们提供三到四条可选择的路线做参考。在企业转型的过程中，知道自己现在的状况和将来的愿景，下一步就是制定宏观战略去实现愿景和目标，让全体员工看得到脚下的路。

有一次，我们为一家五星级度假村绘制战略图。其中有位副总觉得他手下的人都很听话，完全没有必要用画图这么费事又孩子气的方法启发他们，他很肯定地说道："我发个邮件告诉他们公司的目标和战略就可以了，没有必要这么麻烦，画什么图啊。"当时我们开会的地方是一个酒店的会议大厅，对于一个不到20人的会议来说，这个会议大厅过于宽敞了。中间一张长桌离四面的墙很远，墙没有窗子，天花板也很高。我站在桌子的一端，他在桌子的另外一端。正在他滔滔不绝的时候，大厅里突然一片漆黑，伸手不见五指，停电了！我头一次遇到这样的状况，他的声音也戛然而止。

我灵机一动，对着他的方向说："我可不可以邀请你和我做个小小的练习，来试一试你说的方法？"

他爽快地答应："为什么不呢？"

我说："你可不可以走到我这里来？"

在场的其他老总们也起哄怂恿他。

他有点犹豫："我试一试？"

我给出路线，提示说道："注意安全，从边上绕，那里好像没有椅子。"

在看得见的情况下，从他所站的位置走到我跟前估计也就是十几秒的事儿。从声音上判断，他花了几分钟才走了一半。这时终于有人沉不住气了，打开了手机上的照明灯。灯光之下，只见他走到了离我还有几步远的地方，两手前伸，两腿弯曲，其中一条腿还在抖动，惹得大家哄堂大笑。

绘制战略学习图就像这个例子中开灯的动作，照亮路径，让员工走得放心，也让管理层的思路得以分享，使团队成员的思想得到最大程度的统一。视觉化的成果是一个看得见的思维模式。视觉化的过程是一个很有挑战性，也很有趣的过程，可以为企业管理者节省大量的沟通时间，产生很高的企业价值。

早些年，根源咨询公司以学习探讨图为主要产品项目时，我们曾经对许多做过学习图的人进行回访调研，调查我们学习图的产品效应，大部分管理者都反映说学习探讨图的效果非常好，对他们的企业帮助很大，非常有价值，但是对于领导层来说，更有价值的是绘制过程，对领导班子进行创新、合作、统一思想、建立团队精神具有深远影响。从那一刻起，我就带领概念设计团队开始研发视觉化流程服务项目。

中层管理人员的困惑

对中层管理人员来说，项目很多，重点很多，上司要求很多，下属问题很多，客户的需要越来越多样化，他们真的很忙，再给他们加上一大堆新的战略计划重点，他们该如何执行（见图2.8）？他们需要参与，通过看得见摸得着的战略模型进行观察和修改，需要理解战略转型对其部门的意义，以看得见摸得着的战略系统为参考，这样他们就知道如何取舍。他们需要一个整体战略目标去引导并带领下属，而不是一条一条单独的指令。员工们只有一起讨论看得见摸得着的企业战略并真正了解战略内涵，才能达成真正的共识，才好与其他部门协调。和决策层一样，他们也需要制订一个看得见的具体方案，使自己和下属都心甘情愿地执行。

图2.8

中层管理人员通常觉得向自己部门的员工传达和解释企业战略是一件很困难的事情。首先，他们的日常工作任务本来就很繁重，在受到大量文字和数据信息的轰炸后，可能仍然对新战略一知半解，不知道自己的部门应该做哪些调整，学习新的信息后也很快忘记。其次，新的战略往往要求新的技能，他们哪来的时间去学习新技能？即使学会了理论，付诸实践既冒险又耗时耗力，他们真的不知道该怎么办。因为很多中层管理者是从基层提拔上来的，对传统业务很熟悉，于是很多人更加努力地回到他们熟悉的细节工作中去，埋头苦干，继续完善那些即将被淘汰的技能。

很多世界500强公司用"学习图"反映思维模式，在设计好的环境中让跨部门员工进行探索和研讨，相互学习。借助学习图，中层管理人员能够清晰一致地传达新战略，与团队进行更广泛的沟通，让员工看见决策层的意向和他们一致，从而受到鼓舞，充满信心地前进。

另一方面，区域业务部门的中层管理人员可以对学习图的半成品进行局部调整和修改，就像决策层把公司员工带进自己的视野一样，这样能够把总部领导层带进本地市场。有一次，我们把一家世界知名化工集团的决策层绘制的全球战略学习图带到世界各分公司区域进行讨论，遭到不少区域分公司管理者的抵制，他们觉得这幅战略图忽视了当地的文化、政府政策、顾客的特点。我们就把马克笔递给他们，让他们直接在图上进行修改，然后把修改过的学习图带回总部，给公司最高领导层提供了一个当地视角,成为决策层了解区域市场的重要信息渠道,让最高领导层针对一些普遍问题进行了战略调整。而对于一些区域的特殊情况,重要的话就具体情况具体分析,甚至鼓励某些大的区域根据自己的情况绘制自己的战略学习图。这样就在全球各个市场、各个区域的业务部门展开了商业视觉化的战略沟通,帮助全球战略在本地被更好地接纳和执行,并与本地的战略接轨。这里的图像化运用有一点不同,因为大的战略确定后,一般管理层不愿意在本地的经营计划制订过程中偏离战略大方向,所以我使用了一个新的图像绘制方法:我起稿画前半部分,企业员工完成余下的部分(参考第 5 章)。我首先着笔,用不到四分之一的画面把战略的内容定下来,其他四分之三的画面是空白的,让各区域的员工自己画。这些图像通常停留在初稿阶段,这样可以为后续沟通提供改进的空间。这是根据区域战术的灵活性、局部计划的短周期特点设计的。

中层管理人员也可以用创新流程图像化的方法帮助员工拓展思维,在产品和流程创新上进行突破,这主要是借助图像对想象力的延伸扩展功能(参考第 4 章)。

让员工看见

全体员工需要一个通俗易懂的图像方式来学习各种复杂的商业信息。需要亲眼看见 CEO 所看见的市场,从而得出和 CEO 一样的结论;需要亲眼看见 CEO 所看见的未来,从而拥有和

CEO一样的愿望；需要和其他队友一起看见CEO所制定的战略，从而相互配合，把战略计划付诸实践。但是大部分情况却如图2.9里反映的一样，CEO在视频中做长篇大论的报告，与会者有的无动于衷，有的心猿意马，有的深感困惑，不知道如何把高大上的战略在具体的细节工作中实施，最终就会像图2.10反映的那样，现有的技能和新战略脱节，不知道在实际工作中该做什么样的调整。他们需要一个可视的战略模型做参考，通过讨论形成共同的思维模式，让员工和领导层之间、员工和员工之间达成共识。同时，员工也需要根据这个思维模式来培养新战略执行中所需要的新技能，制订相应的个人成长发展计划，而这个计划也可以用图像化的方式来做。这样就能让可视的个人计划与可视的战略图形成对应的视觉参考，让每一个员工的步调与公司的战略一致。战略图是整个企业的转型计划，个人成长图是个人技能的发展计划，两者结合使用能够大大提高员工的主观能动性。

另外，员工还需要一个清晰可见的思路，需要一个有效的工具分享自己思路。运用图像化的思维导图可以帮助员工把自己的思路图像化，而所有员工思路的图像化整合却需要学习图的帮助。

对于大多数的基层员工来说，图像化的方式比烦琐的金融图表更容易激发好奇心，从而使他们更积极、更投入地学习这些商业信息。

图 2.9

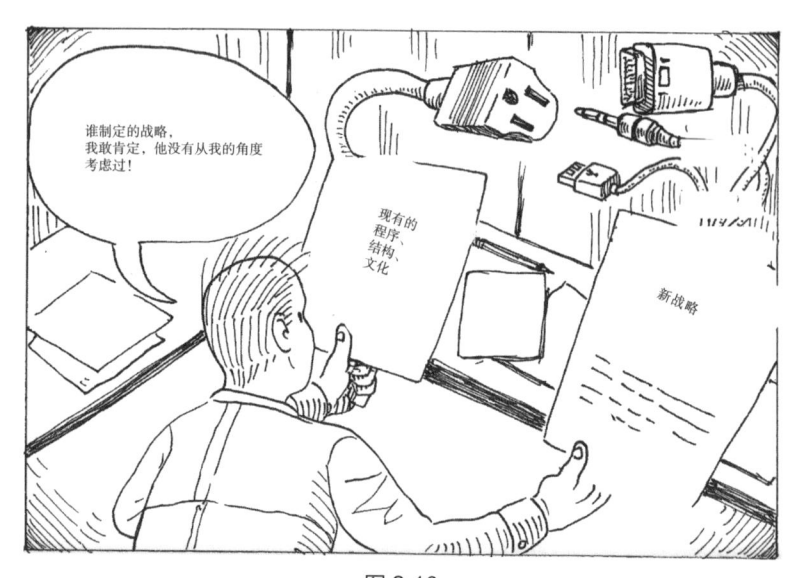

图 2.10

如前面讲到的百事可乐与可口可乐的战争，百事可乐的新战略实施在内部举步维艰，公司尝试着使用根源咨询公司新推出的"学习探讨图"去帮助全体员工认识饮料市场的现状和转型的必要性。将一系列的学习探讨图展现给全体员工后，他们开始感同身受其境地进入决策层的视角。第一张图名为"饮料街上的革命"，生动地描绘了饮料行业发生的各种各样戏剧性的变化，如消费者、竞争对手和销售渠道的变化，显示了整个软饮料市场汽水类产品销量的下滑，市场上饮料产品及其包装的多样化，喜欢碳酸饮料的一代趋于老龄化从而对此类产品需求减少，人们对健康的重视、对便利的要求及多样化的选择等（见图2.11）。

通过观察、对话和游戏互动，员工们得出了自己结论，那就是如果继续按照目前的状况运营下去，公司将不复存在，自己也将饭碗难保。他们的态度发生了180度的大转变，从消极抵制到积极执行。经过一系列对学习图的讨论，百事可乐从上到下齐心协力，成功并迅速地进行了战略转移。

如前所述，盖洛普调研公司的调查数据表明，北美70%的企业员工在工作上投入不足，造成所有企业每年近4 000亿美元的损失。许多客户在使用根源公司的学习图以后发现，企业员工的投入率达到80%以上。

除了关于企业愿景、市场、战略的学习图，我还建议员工将个人理想图像化（参考第6章）。然后和企业的学习图进行比较，如果二者重叠率在50%以下，可以选择调整个人理想或者调整工作方向，也就是说，员工个人就应该是考虑改变自己还是另外寻

图 2.11

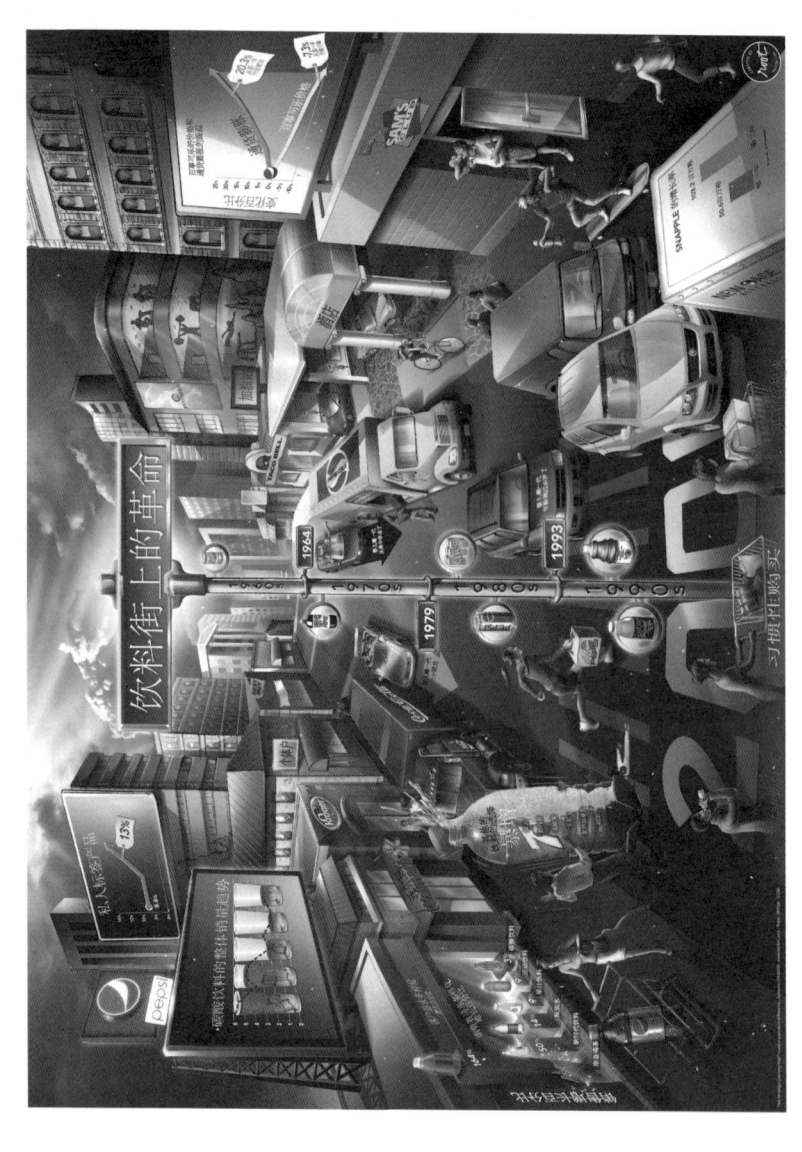

找一个和自己志同道合的公司工作（见图2.12）。从潜意识的角度来讲，个人的意识和潜意识与公司大团体的潜意识有冲突，这对集体而言是一种损耗，对员工个人影响更大。

个人和企业是否志同道合？

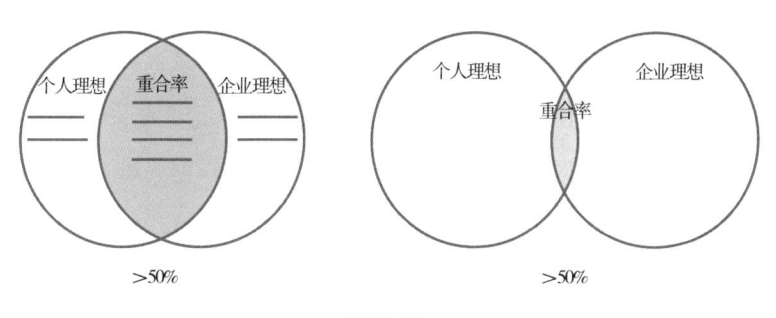

图 2.12

从企业宏观管理到个人志向调整，原本是无形的、抽象的，但我们可以借助图像进行思考，从而取得令人振奋的结果。

自上而下的管理模式

我在运用图像化商业管理咨询的20年中，收获过无数的掌声和各大企业老总们的赞扬，很少失败，而这可能是唯一的一次。

从美国的底特律飞到俄罗斯的切列波韦茨要转两次飞机。先飞7小时到阿姆斯特丹，然后飞到莫斯科，在旅馆住一晚上，第二天一大早再乘小飞机到切列波韦茨。那时和我同行的有两位同事，一个叫丹·马克兰，另一个叫卡尔·瓦格勒，都是公司的高级顾问。我们那次的客户是俄罗斯一家大型钢铁公司，我们去为它做前景规划和战略整合，那也是我们第一次接俄罗斯的项目。我们被时差弄得昏昏沉沉的，早早就睡了。第二天8点半的会议，我们8点不到就赶到会议室准备。会议室是一幢独立的建筑，有教堂一样的高顶，但有两面都是落地大玻璃窗。外面是一个很大的湖，结了冰，上面覆盖着厚厚的白雪，湖的对面似乎是雪山。这里早上8点天还是黑的，看不清窗外的景色，但从墙上的照片可以看得出来，这里夏天的湖光水色一定非常美。8点半左右，陆陆续续来了十几个高管。这群人和我以前见的企业管理者有一点不一样，他们的言谈举止给人一种帮派成员的感觉。会议没能准时召开，因为CEO迟迟未到。这位CEO很有些背景，是《福布斯》排行榜上的富翁。9点左右，CEO终于出现了。他身材魁梧，很有气势。他进门时所有人都起立，我们也站了起来。他直接走到桌子的首位，很友善地拍了拍边上几个人的肩膀打招呼，然后挥手示意大家坐下。

　　会议开始了，我的任务是用图像记录谈话的内容和含义，营造一个图像环境，然后带大家进入图像思维的模式，进行左右脑的全方位讨论。会议目标是，第一天帮助决策层明确公司的愿景和制定经营策略，第二天在领导扩大会议上与120多位来自世界各地的高管，用第一天绘制的图像信息进行纵向沟通，做策略传达。可惜事与愿违，会议一开始就不太顺利。在会议过程中，CEO讲话最多，我甚至觉得太多了一点，有点"一言堂"。丹和卡尔几次想调整会议的形式，让大家都有机会发言，却没有成功，于是我就顺势而为，想着把CEO的意向用图像表达出来，准备让大家讨论。因为与会者的口音比较重，我不是很确定我是否听明白了他们的意图。当时我用的是素描纸，灵活性有限，为了尽量不遗漏任何内容，我画了十几张草图。

中午的时候，我看到很多服务人员抬着食物进来，靠近门口的一张十几米的餐桌上摆满了山珍海味，由于食物太多，盘子堆了三层，和前一天餐厅里的空盘子形成鲜明的对比。按照会议计划，在中午的时候我准备做图像展示。我把所有的图贴在墙上一字排开，准备以画廊的形式进行展示。我走到"画廊"的一端招呼大家聚集过来。CEO带头向我这边走过来，其他人也都跟着过来，他们越走越近，我调整自己的呼吸准备解说，但是CEO走到我跟前的时候却没有停留，他与我擦肩而过，向满桌的食物走去。跟在后面的公司主管们也一个个从我面前走过，最后只剩下三个主管（都是美国人）站在我的面前听我解说图像。我之前有很多经验，但还是第一次碰到这种情况。我当时尽力控制自己的情绪，继续做解说，但是心里越来越慌。十几米的"画廊"，感觉是我这辈子走过的最长的十几米。我觉得脚下发软，似乎可以听见自己的声音都有点颤抖，我真正体会到了什么叫心慌意乱。我感觉午餐时间很长，满桌的佳肴我却吃不出味道来。

饭后，会议继续进行。我发现我的两位同事的处境并不比我好。和上午一样，每次他们组织的对话都被这位CEO粗鲁地打断，然后滔滔不绝地讲上四十几分钟。我们本来计划是通过对话收集信息、协调观点、整合意见，但会议被这样不断打断后，计划无法实施，对我们来说，局面已经失控了。最糟糕的是，本来在合同里约定的是我们让决策层做市场和策略整合，然后和中层及基层人员进行垂直沟通，但在决策层做了一整天相关的讨论，收集相关的建议和信息后，CEO擅自决定将会议主题改为"从优秀到卓越"，这是一个企业文化的软性课题，和我们收集的内容相去甚远。我上午的几十张图和下午根据三位美国高管的建议补画的几张图全部作废。我们要连夜重新画出以"从优秀到卓越"为主题的企业文化图。

晚上，在他们公司管理者参加宴会时，我们三个买了几袋薯片和几瓶啤酒，在宾馆里开会商量对策。我要画图，丹和卡尔要设计对话问题和修改第二天的会议流程。不幸中的万幸，我读过这样一本书，叫《从优秀到卓越》[①]，作者是吉姆·柯林斯，而且我和吉姆·柯林斯有过项目合作，我还曾经图解过这本书。这个公司的CEO可能刚刚看了这本书，所以心血来潮要做这张图。他的几点要求基本符合书上的内容，所以我们才能够连夜把图和对话要点绘制出来。但还有最后一个问题把我们三个难住了，那就是第二天的会议上如何应付CEO，如果他故伎重施怎么办？凌晨3点的时候，我们怀着忐忑不安的心情各自回房休息了三个多小时。

第二天的会议是在一栋古堡一样的建筑里举行，来了100多人，我们事先和客户团队沟通的是，会议8点开始，先由CEO做开场白，8点半我们上场，用学习图的草图引导大家展开讨论，10

---

① 《从优秀到卓越》，作者吉姆·柯林斯，已由中信出版社于2009年出版。——编者注

点半结束我们的部分，然后他们继续会议，我们赶飞机回美国。8点的时候，CEO开始讲话了，近两个小时过去后，他仍然陶醉在自己的演说中，毫无结束的迹象。我们在会议厅的后排不停地看表，坐立不安。经过商量，我们决定"撤"。但是大门在前面讲台的旁边，如果我们现在拖着行李走，会被与会者看得一清二楚。正在犹豫的时候，我们发现有服务生端着盘子从通往后门的一个小门进进出出，我们灵机一动，悄悄地拖着行李从小门出去，穿过厨房后面一段光线昏暗、曲曲折折的走廊，到了后门。当我们打开后门出来的时候，几个身穿黑色呢大衣、戴着黑色墨镜的彪形大汉突然从四面八方围过来。他们如临大敌，用俄语对我们说了些什么。我们可以看到他们所有人都一只手插在口袋里，好像是握着手枪，气氛十分紧张。我们谁都不懂俄语，只好用英文回应，幸好他们中有一个懂英文的人。听我们解释后，就带着我们从古堡的一侧往前绕，这时我们才注意到建筑周围到处都是身着同样黑色大衣的警卫。找到我们的司机后，大家才松了一口气。

当汽车开出来后，丹开玩笑说有一种逃亡的感觉。卡尔说他简直不敢相信这两天发生的事情。我们在车里总结了失败的原因，也许是俄罗斯和美国的文化差异？也许是这位钢铁公司CEO的独特领导方式？最后我们一致认为是我们低估了从上至下的专制管理模式在这个企业中根深蒂固的影响力。还是那架旧式的俄罗斯制造的飞机把我们载回了莫斯科，在我们准备登上飞往阿姆斯特丹的国际航班时，丹接到这家公司会议负责人的电话，说轮到我们上场了，问我们在哪里，当时是中午12点半，我们真有点儿哭笑不得。那个项目就这么不了了之了。我那时有一种经历了滑铁卢的感觉，但是，对于这家钢铁公司而言，这又何尝不是一个损失呢？从那以后，这家公司一直没有做到从优秀到卓越，反而在俄罗斯钢铁业中的排名下降了几位。

福特汽车的创始人亨利·福特有一句名言，是他曾经对他一个下属说的，"我需要一双干活的手，你却给我带来了一个人"。意思是说，汽车工人要像机器一样没有思想、情绪、感觉。亨利·福特用的就是由上至下的管理模式。可是人能够没有情绪吗？

上面故事中的企业是非常典型的传统企业，组织结构是金字塔式的，用的是自上而下的管理模式。用金字塔图像表示，决策层在金字塔的顶端，基层员工在金字塔的底层（见图2.13）。指挥棒从上到下，决策来自最上层，下面的人执行。

自上而下的管理模式
图2.13

这是美国在20世纪70年代以前流行的管理模式，又叫专制管理（autocratic）、军事化管理。据说是受"二战"后大量退伍军官进入管理层的影响，其实是世界工业发展的产物。这种管理模式是总裁或决策层独自制定经营策略和各个具体的工作计划，然后向其下属和基层员工发号施令，就这样层层下达，让他们去实现最终目标。下属没有太多的权力对既定的经营策略进行改动，任何改动都必须得到决策层的批准。这种模式所谓的优势在于令行禁止，规章制度严明，决策速度快，执行效率高。然而速度只是一个中性词，在某些情况下，如在大雾里的悬崖边开车一样有太多盲点的时候，速度就是个贬义词。规章制度严明在一定程度上也会影响企业的应变灵活度。

另一方面，总裁们依靠第三方商业咨询机构提供的数据分析市场信息并进行决策，向下级管理层发布执行命令，信息的流动是单向的。在基层员工层面，企业策略往往并没有得到预期中的执行。有研究数据表明，用这种自上而下的组织结构应对企业转型，失败率达到70%。其余30%取得阶段性成功的企业中，后期因为员工对于改革方案认可度不高及人员内耗，改革项目失败的比例高达90%。同时员工被动执行命令，情绪价值丧失殆尽，企业变革的代价极大。这也印证了我们常常提到的一个公司管理规律：员工们可以忍耐公司的改革策略，在行动中他们却只会按照自己的想法去做。在传统的层级管理模式下，基层员工和管理层在行动和思想上很难做到真正统一。

自下而上的管理模式

在以客户为中心的商业运营方式的竞争大环境里,接触客户和市场信息最多的是一线员工。在信息多变的时代,顾客的个性化需求日益突出,由下而上倒金字塔式结构的管理模式使企业应对市场变化的能力得以提升,有关局部市场的决策逐渐由一线工作人员做出,而上层管理者变为员工实现自己想法的支持者,企业内部管理权力在大规模地转移。大部分决策权下放给中下层管理者,最高层只负责组织的长远战略和与组织长远利益有关的重大事情(见图2.14)。

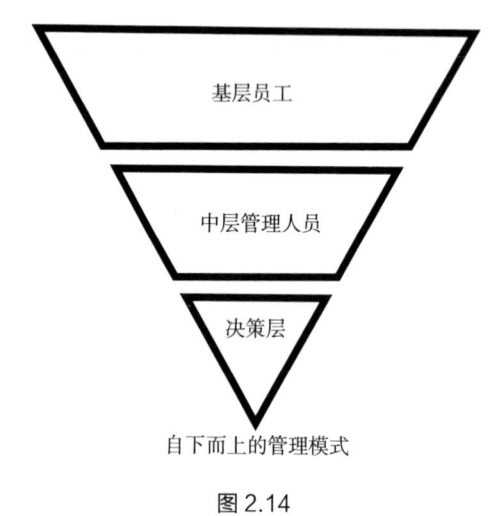

图 2.14

从20世纪70年代至今,专制管理模式越来越失去它在商业管理中的地位,管理模式逐渐转换成自下而上的倒金字塔式的管理模式,原因就在于客户至上的管理理念成为主流,而基层员工往往是最靠近客户的人。这种自下而上的管理模式的优点在于让企业所有员工一起来参与公司的变革，分享共同的理想，能够调动员工的积极性，鼓舞士气，使各层级员工全身心投入，并用各自最擅长的方式方法达到目标，实现理想。自下而上的管理模式能够充分发挥所有员工各自的独特才能去解决问题，并通过沟通与合作不断革新，使企业走在市场的前端。然而在这种组织架构中，各部门员工面对客户群体的印象不同，收集到的需求和市场反馈五花八门，提出的建议也不一样，要想协调每个部门和基层团队的业务发展策略，是一件非常困难的事情，会增加决策层做决策的难度。

这个组织结构如果使用不当，会造成目标太多，高层管理人员难以协调诸多目标而失去重点，进而使资源分散造成浪费，民主泛滥，行动缓慢，有始无终。同时，自下而上的管理模式中，基层员工不能高瞻远瞩，做决定时常常固执己见，如果按个别客户的需求制订计划，容易以偏概全，过于强调局部，缺乏整体方向，结果是决策速度非常慢。

由此看来，自上而下和自下而上两种模式各有利弊，当我们在公司高管和基层管理者之间进行协调沟通时，使用图像化的方式，可以将两种管理模式的优势结合起来，帮他们搭建一个思维沟通的视觉平台。在这个平台上，双方达成共识的概率将大大提高。

根据常年咨询实践，我创新设计的图像化合作程序就是一个整合两种模式优点的极佳沟通方法。图像化能够帮助决策层既有专制管理模式下做决策的速度，又获得自下而上的管理模式的灵活度和敏锐度，是两种管理模式的最佳载体。

在这个用图像和符号构建的有整体全局思维环境的氛围里面，基层管理者了解到更多的企业现状、全面的市场数据，高层管理者则通过基层管理者反馈的客户需求直接进行沟通和讨论，信息交流是双向的，从而帮助基层管理者找到最适合大局发展的策略，把实现这个策略的过程变成一个基层团队实现自我理想的过程，使员工投入到这个新策略的专注度和内驱力达到最大，大大降低了企业转型的风险。

管理模式在中国

中国的企业正处在这两种管理模式交汇的阶段。一方面，本土企业仍然具有根深蒂固的层级观念；另一方面，外企把一些自下而上的管理理念带进来了。我几次在国内出差，早上出门经常看到餐馆、美容院、房地产中介的员工们在经理的带领下列队在大门口，先操练一番才开始工作。特别是一些白手起家的企业家，他们靠自己的奋斗打下一片天地，有很多成功的个人经验，采用自上而下的管理模式，凡事亲临，一方面把自己弄得很辛苦，另一方面使下属的才能得不到充分发挥，真的有点儿不值。我在几次给在中国企业做咨询的过程中发现，自上而下的金字塔观念渗透在中国管理人员的意识中。

一家世界排名前十的制药集团在中国杭州设有一家生产药品的子公司，总经理是美国人，副总经理是欧洲人。有一次，我为他们做有关疫苗安全的工作图。在图像化过程中大家各抒己见，畅所欲言,最后我绘制出一幅防治疾病的长城图。我在这个过程中观察到,同级别的管理人员在对话时畅所欲言,但一旦某位高管发了言,所谈的那一个话题就结束了,没有更多的反馈,因为没有人敢挑战权威的观点。在这种环境下,无形中助长了高管们的自我膨胀心理,连外籍主管都被"宠坏了",变得自以为是。在这种人际环境里,图像会起到推动正面讨论的作用,因为大家是在对图像提出建议,而不是对某个人。图像语言充当了人与人的不同观点之间的缓冲带。

在一个截然不同的人际环境中,如美国,图像化讨论的结果可能一样,但过程会有所不同。有一次,我们在一家美国著名的证券投资银行和管理人员讨论策略图。CEO 提了一个建议,这时,有一位年轻的中层管理人员说:"我不同意 CEO 的看法,因为在支行的情况是这样的……"我不记得他具体讲了些什么,我只记得 CEO 很平静、很专注地听着,不时还点点头。最后的图是按照那位年轻人的建议修改的。也许那位 CEO 本来就是一个谦卑的领导,也许图像把一个最合理的商业逻辑展示在众人面前,也许是图像提供了一个就事论事的平台。

图像化的综合管理模式

美国政府有一个一直采用自上而下管理模式的军事化组织,却在机构改革的时候在根源咨询公司的帮助下进行转型。那天,我面对身着白色制服的 70 位最高指挥官——其中包括美国海岸警卫队总司令——做图像解说,经验丰富的我心里有点儿打鼓。会议厅的气氛太严肃了。其实,我看得出这些习惯了军事化管理的将领们,面对我们的图有点不知所措。我的同事十分紧张。这时,总司令站起来大声说:"诸位请注意,请大家开始对话。"见还有人迟疑,他又加了一句"这是命令"。我当时费好大劲才憋住没笑出来。一个从上至下的命令,命令大家从下至上运作,这可能是这两种管理模式最戏剧化的碰撞。可能由于预算充裕,借助图像化的程序,该组织顺利进行了转型,参与推动这个项目的几个官员后来都升职了。这个故事与俄罗斯那家钢铁公司的故事形成了鲜明的对比,也证明了图像化是把两种管理模式结合起来的有效手段之一。

作为一个企业管理者,也许你很有个人影响力,但是你能否培养下属的领导能力?你也许口才很好,能够通过演讲说服众人,但是你能否让人心服口服?也许你很有见识,能够高瞻远瞩,但是你能否能让员工也看见你脑海中的壮丽景色;也许你的地位让你拥有震慑下属的权威,但同时也很容易就被人抬举,自我膨胀,阻碍信息流通的渠道,使自己的领导效果大打折扣,导致企业走下坡路。

现代市场飞速变化,对于企业带头人有极高的要求,他们要具有洞察市场的能力、沟通的能力、随机应变的能力、说服众人的能力、合作的能力和创造力,几乎要"眼观六路,耳听八方"。单靠领导团队几个人的能力和头脑很难掌握和参透各种信息的微妙含义,一不小心,企业就会被市场抛弃,就如柯达胶卷的退市、数码相机输给智能手机、卫星导航系统 GPS 败给谷歌地图、Border Book Store 败给亚马逊、新闻报纸败给互联网、出租车败给优步和滴滴，也许在不久的将来，汽车会败给无人驾驶飞行器，飞机、高铁甚至城市房地产有可能会输给真空管运输系统。

这里面最经典的是柯达的故事。众所周知，柯达胶卷是被数码相机夺去了它存在的意义的。鲜为人知的是，第一部数码相机是柯达自己的工程师史蒂夫·萨森在 1975 年发明的，只是柯达的各级管理部门觉得，有了数码相机，市场就不需要胶卷了，因此把这个专利锁在了保险箱里，错失一个革新的先机。30 年后，等柯达的管理者们回过神来，大势已去。这个故事充分体现了专制管理的弊端。而自下而上的管理是信息从基层来，大方向由决策层定，小目标和具体计划由基层定，这样就能够使一线员工在变幻莫测的市场上看清每一个死角，抓住每一个先机。

我们来看一看图 2.15，看看图像化如何结合两种模式，从而满足企业中各个层级的管理需要。

传统的自上而下的管理模式在信息时代个性化需求大增的大环境下，面临严峻挑战。信息科技高速更新促使企业需要常常做快速有效的战略调整甚至转型以捕捉市场先机。逐渐兴起的自下而上的管理模式在做决策时又缺乏效率。视觉化让各部门各层级员工都看见决策层高瞻远瞩的境界，又让决策层看到各个部门的具体意见和建议，让全体员工都主动参与转型过程，大家积极投入，上下一心，使战略执行能够获得员工最大的支持，从而大大降低转型失败的风险。

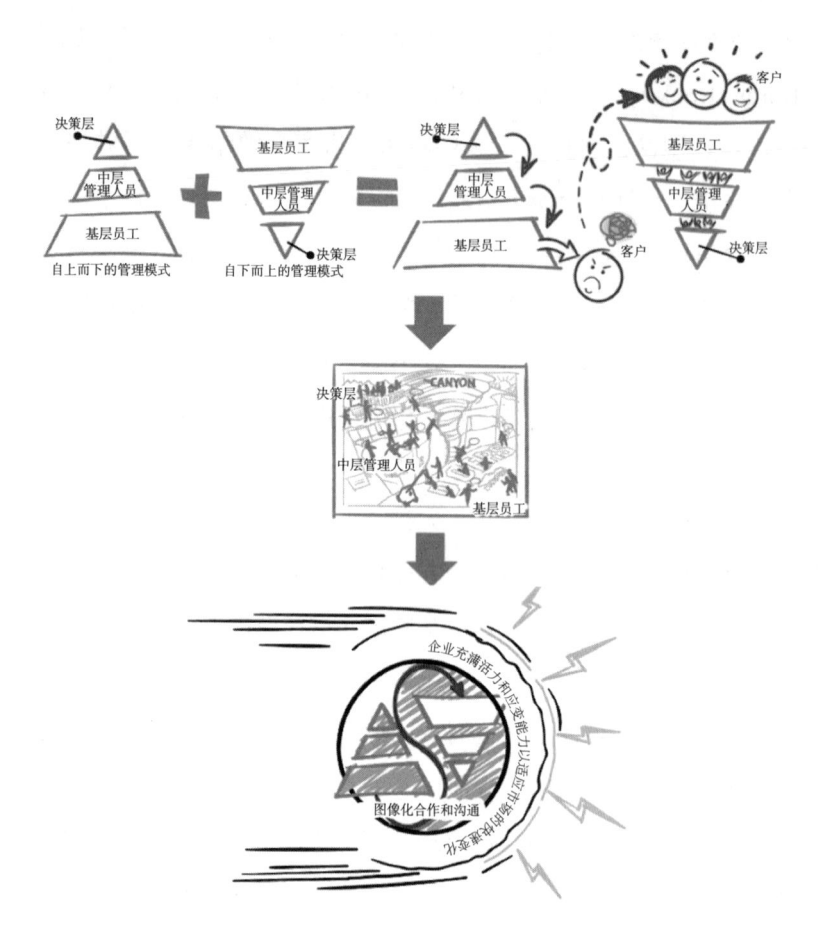

图 2.15

Chapter 3
大象无形的原因

为什么企业用了成千上万的文字、数据和幻灯片还不能让员工看见"大象"呢？问题在于图像所承载的信息质量高、内容丰富，但商业交流中往往以文字和数据为主，即使使用简单的图表，也只是散落于幻灯片中，不成系统。一开始的时候没有文字，人类想记录事件只好把看见的内容画下来。可是画的细节太多，记录速度太慢，于是简化再简化就成了符号，最终形成了文字。但是当我们把图像从交流中拿掉的那一刻，就意味着信息已经流失了很多，于是人类的祖先紧紧抓住图像不放，现代人手机中的各种信息大部分也被图像占据。那么，到底图像中有什么东西使我们如此难舍呢？

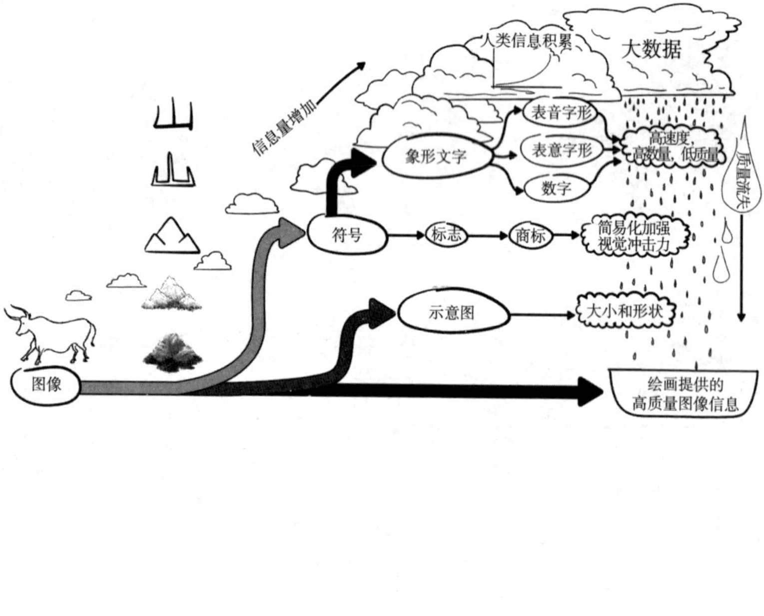
人类信息积累
大数据
信息量增加
表音字形
表意字形
数字
象形文字
高速度，
高数量，低质量
质量流失
符号
标志
商标
简易化加强
视觉冲击力
示意图
大小和形状
图像
绘画提供的
高质量图像信息

古老洞壁上的信息

在根源咨询公司最大的一间会议厅里，整整一面墙都涂上了一种白板油漆，当作可写可擦的白板，这个特殊的白板有 10 来米长，2 米左右高。记得我第一次拿起马克笔在上面试画，是在配合一家大型租赁公司的首席运营官，将他的 30 分钟年会演讲稿用图像的方式表达出来。我们经常在网络上看到在白板上画图的视频，随讲随画，好不精彩。实际上那些绘画过程都是经过摄像剪辑完成的。在现场拿笔真画，用绘画与文字同步捕捉信息，我应该是第一人。虽然在行业内，我被称为美国中西部第一快笔画家，但这种收集整理信息的方式对我来说也是一个巨大的挑战。在年会前一天，我利用这块新的白板反复熟悉并练习演讲内容。对于演讲来说，我的画只是锦上添花，除了很好的表演效果，并不能成为传递信息的载体，所以没有什么实际的价值。那么什么样的画才具备实际价值呢？我在墙上边画边想，思绪飘向了遥远的远古时代。

在文字还没有出现的时候,人们迫切需要沟通和交流,表达各自的需求,同时把他们一生中发生的故事、秉持的信念、对世界的认知和经验留给后人,或者传递给远方那些不和他们在一起生活的人。比如西班牙北部阿尔塔米拉(Altamira)洞窟的壁画就在向我们述说 2 万年以前的远古故事。很多洞穴或岩石壁上绘制的图画可追溯到史前时期,人们普遍认为,这是部落中受人尊敬的老人或者巫师的杰作(见图 3.1)。

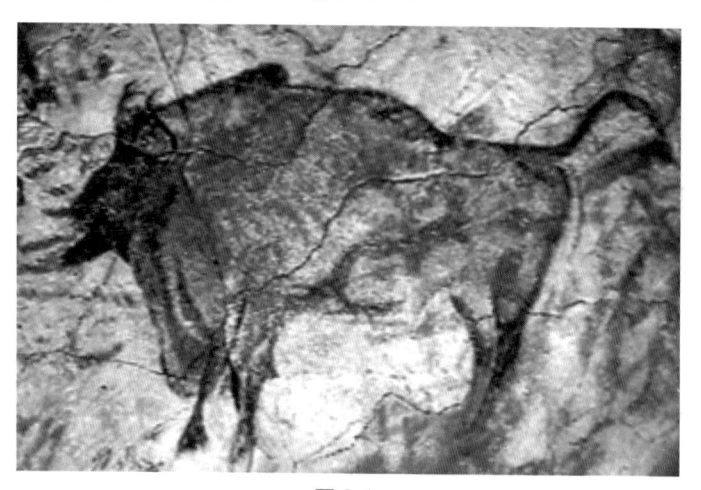

图 3.1

那时候人类的生产力很落后,打猎的工具也十分落后。我们可以想象,用石头、木头和草绳制作的长矛去捕捉野牛是一件多么困难、多么危险的事。人们在实践中学习,但是需要一些手段来记载这些狩猎经验。绘画通常是示意性的而不是自然写实地描绘某个对象。有时,人们会用石灯照明,把动物的形象投影在岩石上,照投影刻出动物的轮廓。这些绘画是为记录狩猎方法和记载动物数量。由于当时的绘画技巧十分原始,所以图像表达远不能像照片一样真实。

文字源于图像

古人通过栩栩如生的图像把发生的事件呈现给众人,这些图像就是书面交流的开始。这种交流活动从一个人到另一个人,从一个部落到另一个部落,从一代人到下一代人,一直持续下去。

其实古人和信息时代的现代人对信息的需求是一样的,为了追求信息的速度和数量,古人不断把图像符号化、简化,否则我们现在每个人都要学会画画。

古埃及和中国这两大文明古国的共同点在于它们是象形文字的起源。顾名思义,象形文字就是从事物的形象延伸出来的文字(见表3-1)。

象形文字出现之前,图像是唯一的记载工具,例如前面讲的洞窟壁画。后来,象形文字发展出两个分支:一是表音字,字符用以强调字的发音,比如现在的英文字母,看到字母组合,我们可以知道发音,但不知道含义;二是表意字,字符用以强调字的含义,比如现在的中文,看到字形,我们可以推测一些含义,但不一定会读。

表音字比表意字更加追求传播速度和信息量,一直简化到从字母上看不出一点所表达的意思。表音字信息量大,所占面积小,比象形文字更适合在莎草纸上书写,故逐渐普及,从埃及流传出来，普及面越来越普广，随着时间的推移，被逐渐简化，最终形成了印欧语系的现代字母系统的基础。其中每个字母符号主要表示声音或声音的组合。古埃及的表意文字部分因为当时环境的局限停止了发展，只是存留在一些特别的纪念活动中。

表 3-1　各种象形文字

语值	埃及语		闪族语	后来的语言		
	象形文字	祭祀符号	腓尼基文字	希腊字母	罗马字母	希伯来字母
a	eagle			A	A	
b	crane			B	B	
k (g)	throne			Γ	C	
t (d)	hand			△	D	
h	meander			E	E	
f	cerastes			Y	F	
z	duck			I	Z	
x (kh)	sieve			H	H	
θ (th)	tongs			θ	…	
i	parallels			I	I	
k	bowl			K	K	
l	lion			Λ	L	
m	owl			M	M	
n	water			N	N	
s	chairback			Ξ	X	

中文作为象形文字的一种也是从图像演化而来的，类似于古埃及的表意字形。中文是表示概念、对象、活动、地点或事件的符号，是一种类似于绘画的形式。它的形象意味一直没有被岁月冲淡，而是通过标志化加强了沟通的效率。所以我一直认为，国人对中文所表达的内容好像总是有更深一层的理解、更深一点的感受，这些文字，总是多那么一点耐人寻味的意味，令人回味无穷。图像化对中国人来说应该是很容易上手的。

表意文字是表示一种想法的图形符号，而不是代表声音的字母。表意文字，顾名思义，其意图在于见字识意。

然而，表意文字系统中的标志与符号通常代表单词或语素，而不常代表纯粹的想法。这种用标志性图案或符号组合成单一字体或者单词来表达语意（有意义的语言单位）的语言系统，与表音文字的系统形成鲜明对比。汉字是直接从单个象形图或象形图和语音符号的组合派生出来的。一个个汉字标志体合成的一组标志体，就组成了中文的句子。

如果说起初的文字是从图像发展来的，可以和所表达的具体事物一一对应，那么后来的文字如何与抽象的含义对应的呢？我认为这是一个从"指鹿为马"到实践中逐渐标准化的过程。"指鹿为马"就是某人说某物是什么它就是什么，就像《圣经》的"创世纪"里讲道："上帝将用土所造的地上的各种走兽和空中的各种飞鸟都带到那人面前，看他叫什么；那人怎样叫各种活物，那就是它的名字。那人便给一切牲畜、空中飞鸟、野地走兽，都取了名。"也就是人看到什么动物发什么声音，那个声音就成了那个动物的名字。

俄国人柴门霍夫创造世界语时也正是这样"指鹿为马",只可惜他创造的这种语言没有得到普及。其实这里讲表音字形的"指鹿为马"是一个极其具有创意的工作,这正是我创造视觉语言的方法之一,比如把帆船标注成企业。

语言文字的偷工减料

在信息交流沟通的过程中,语言文字的优势在于数量大、速度快、变化灵活,是图像无法取代的。但是它的优势也是它的劣势,是一把双刃剑,文字信息相对图像信息,在意思表达过程中会有所流失,也就是说文字无法准确表达全部意思。英文中有句俗语叫"一图千言",意思是一幅图画中有一千个词的信息量。有时候,一千个词也无法准确表达一幅图画中的意思。文字就像一张网,图像中的含义就像水,网只能捞出水中大的东西,却无法捞出水来。这里可以请大家做一个小的实验,把前面洞窟壁画上的野牛用文字描述一下,然后请另一个人按照你的描述将它画出来。我相信在不看原图的情况下,就算是最专业的画家也无法画得和原图一模一样。

有一次,我给美国一家生物技术公司做咨询服务。面对一群具有生物学博士学位的科学家高管,我给他们做了一个简单的实验来证明图像信息的分量。我准备了一组众所周知的电影明星的照片,然后让一个人从所有照片中抽出一张,用语言描述该明星的长相,不讲明星的背景、演过什么电影,只描述形象。让另一组人根据这些描述,猜照片上是哪一位明星。结果所有人都猜错了。通过这个小小的实验,那些认为图像化是小儿科的科学家们领悟到了图像在信息传递中的重要性。

那么究竟是照片中的哪些含义和信息在从图到文字的转化过程中流失了呢?

下面是我总结的一个公式,我将其命名为"VZ 公式",VZ 即"可视化"(visualization)。

图像信息 =(准确的)空间 + 距离 + 线条 + 形体 + 比例 + 颜色 + 质感 + 光线 + 定义

文字信息 =(准确的)定义

所以,图像信息 – 文字信息 = 空间 + 距离 + 线条 + 形体 + 比例 + 颜色 + 质感 + 光线,这就是流失的那一部分信息。也就是说,大部分信息都在图像转换为文字的过程中流失了,"大象"的形也随之流失了。现在市场上的图像记录虽然以文字为主,但是还是利用了图像信息中的一部分空间、比例、线条和颜色。但是造型、质感和光线却因为受到时间、技巧和另一部分的空间、比例、线条和颜色的挑战,很少能带入图像记录的服务范畴。但是大部分高质量的图像的信息存在于后面这一部分之中。

语言文字加快了信息交流的速度并增加了信息量,但有时却无法提高信息交流的效率。

我在给教会社区做家庭辅导课程的时候就经常听到类似

这样的故事。

有一对夫妻在开车出门的时候，听到车的引擎有异样的响声。

妻子说："我已经几次听到这个声音了，你能不能去修车房让人看一看。"

丈夫回答："没有问题的，以后再说。"

妻子说："你老是这样不听人劝。"

丈夫说："你总是这样不相信我。"

妻子说："去年我们的割草机启动有困难，我让你去修，你就是不听，结果最后坏了，连修都修不了，只能多花好多钱买新的。"

丈夫说："花再多钱也没有你给你妈花的钱多，上次接你妈来美国，光机票就一千多美元。"

妻子说："那她来还帮你看孩子了呢？你给钱了吗？你跟我算这个？"

丈夫说："你……"

他们争吵了一个多小时，什么鸡毛蒜皮的事都讲了，就是没有谈修车的问题。

从上面这个例子我们可以看出，语言有速度快、灵活的特点和优势，但也正是因为如此，很容易偏离我们所要谈论的主题，也容易被误解。

有一次，我为一家德国制药公司的北美总部做景愿图创作。会议大致要表达的意思是，要以使命感和科学创新的动力为基点，招募新人才，发扬创新的价值观，去支持合作商、政府监管部门和所有出资单位。大家团结一心，一同支持病人，使他们能够把握自己的健康质量和生活目标，从而改进他们的生活。但是反反复复改动六七次之后，大家对愿景的语言描述仍然不满意，会议室的墙上已经铺满了图像和文字的挂图，大家都有点疲惫。一阵沉默后，突然有一位女主管指着我绘制的图像说："图像里有一些东西感觉很对，但是好像很难用短短几句话表达出来。"那时，我心里真的很得意，我不是为自己，而是为图像反映的信息质量。这说明在一些关键的地方，人们是认可图像信息的质量的。用我的话说就是，没有"示意图"的说明书是很难写的。我不记得最后他们是怎么定下愿景声明的，但是这个图像十分清晰地印刻在我的脑海里，因为它当时为这家制药公司的北美员工提供了一个看得见的梦想（见图 3.2）。

当时定下来的愿景声明是这样的："以我们的价值观为基础，以技术革新为动力，以利益相关部门和单位为伙伴，共同用科学造就更美好的生活。"这段文字到底和我画的草图之间有什么差别呢？我总结了以下几点信息质量上的区别（见表 3-2）。

图 3.2

表 3-2　图像愿景与文字愿景的区别

概念	图像愿景	文字愿景
角色	用户（包括医生、病人和健康人）、政府监管部门、出资单位、集团现在的员工和将来的新员工	略有抽象的交代
时间	将来，用户从有病到健康的过程，员工新老交替的过程	由于篇幅限制，没有交代
空间（利益相关者之间的关系）	制药公司是支持政府监管部门、出资单位、中间商的中间平台	由于篇幅限制，没有交代
状态	用户有生病的状态和健康的状态；政府监管部门、出资单位、中间商有共同协作的状态，有支持和被支持的状态；人才更新，员工有团队协作支持的状态和创新的状态	由于篇幅限制，没有交代
色彩	绿色代表健康，橙色代表热情、正能量，金色阳光代表希望	由于篇幅限制，没有交代

我们可以看出，文字在定义上有优势，但在信息内涵上有缺失。

大部分含义在文字和数字以外

现在有很多图像辅导人员声称他们能够在会议中让人们达成共识，但是他们的图像记录大部分是以文字的形式，而共识是在文字以外的。中文的表意性让中国人在信息记忆和信息联想上占据优势。所以，使用图像解决难题，中国人的基础应该比欧美人的好。我们的祖先在文字演化过程中把图像利用得淋漓尽致。所以我由汉字的演化过程受到启发，总结出大众化的图像语言。

如图 3.3，从左到右是一个汉字简化演变的过程，简化的原因很可能是为了统一标准，提高沟通速度和效率。从图的左边到右边也是一个从具象到抽象的过程。我们可以看到，右边的文字相对抽象得多，可能要通过学习才能掌握。而左边的信息比右边的信息更丰富、更具体、更直观，但需花费更多时间来绘制。拿"山"字举例，当我很快地把"山"写完后我还有时间写好多其他字，可是我没有办法准确描述山的形状、颜色、光影及山上有多少树、多少石头等。这就是文字所流失的那一部分信息。右边的"山"字使我们知道山的定义。而左边的"山"让我们看出来这是什么样的山，其外形、颜色、光影、质感、比例及空间是什么样的。

我们看到，从图像过渡到文字的过程中，有一些含义流失了。这样含义流失的情况在非表意文字，比如英文中会更多。因为英文是表音文字，所以我们在交流中常常有词不达意或者信息被误解的情况，特别是有不同文化背景的人之间更是如此。

我们公司的 CEO 詹姆斯常常在咨询会议上问大家"熊"（bear）的解释。有人说是北极熊，有人说是玩具熊，有人说是褐熊、黑熊，更有甚者说是赤裸（naked）。如果把熊换成经营

汉字的演化过程

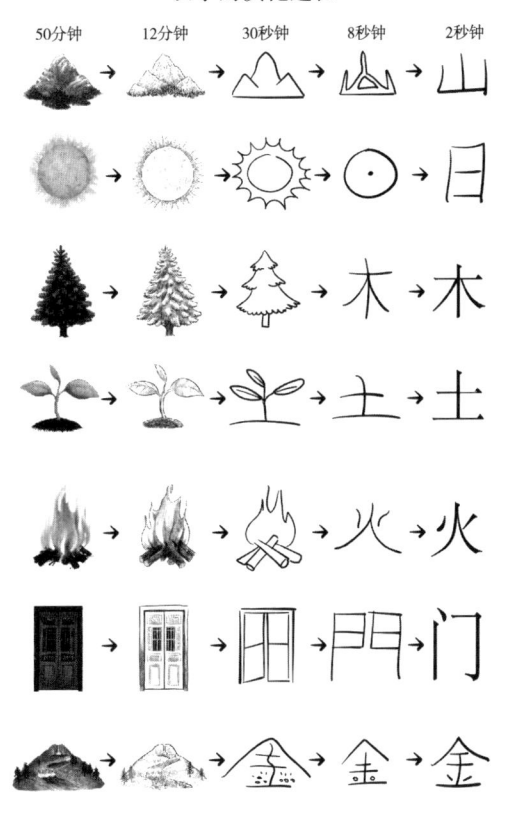

| 50分钟 | 12分钟 | 30秒钟 | 8秒钟 | 2秒钟 |

图 3.3

战略的话，这样众说纷纭的认识是无法让战略得以实施的。的确，在大企业里，每一个部门、每一个团体都会根据自己的理解、背景、利益、环境及需求对战略上抽象的文字进行片面的解释，在战略执行过程中各行其是、各自为政，导致战机延误甚至战略流产。

图像的分量

文艺复兴标志着西方文明从中世纪到现代的过渡。

在12世纪的欧洲发生了对古希腊和古罗马文学的重新发掘，最终导致了14世纪人文主义运动的发展。除了强调希腊和拉丁系统的成就以外，人文主义者还认为，每个人的个性在社会中都有显著的意义。对人文主义兴趣的增长导致艺术和科学的变革，从而形成了文艺复兴时期的共同理念。

从15世纪后半叶开始，信仰人文主义的古典学者们搜寻古代文本以增加当时的科学知识，重新发现的作品中有盖伦的生理和解剖学研究及托勒密的地理学。这些古代文本都图文并茂，对所记载的对象做了极高质量的信息表达（见图3.4、图3.5）。我们可以想象一下，如果这些文稿没有图画而只有文字，我们对其所表达的事物会理解到什么程度。

这一时期的学习和探索氛围使识字率大为提高，越来越多的人不仅能够阅读，而且开始进行写作。写日记和记笔记成为流行的做法，不仅在艺术家和科学家之间，而且在富裕的上层阶级和贵族之间，甚至普通人之间都有信件和笔记的往来。书法、页面设计和篆刻也都得到了重视。然而，最引人注目的是那些图文并茂的学术笔记。在信息交流中，图像的价值被大大推崇。创作这些图文并茂的学术笔记的代表人物之一就是达·芬奇。达·芬奇是一位伟大的画家，他的笔记本中的素描、科学图表和他对油画的一些心得，为后世的艺术及科学发展做出了不可磨灭的贡献。他设计了飞行器、装甲战车、太阳能集中器、自动加料机和双体船等，用设计图完整表达了他的设计意图和制作方法（见图3.6、图3.7）。我们可以想象，如果只有文字而没有图像，我们对他的这些设计还会不会有同样的认识？遗憾的是，虽然他的设计精美而表达到位，但是很少被实现，有的是因为缺乏可行性，有的是因为当时科学技术的局限，那时冶金技术和工程技术才刚刚起步。然而，他的一些较小的发明，例如自动绕线机和用于测试线材的拉伸强度的机器，都进入制造业批量生产。另外，他还在解剖学、土木工程、地质学、光学和流体动力学方面做了大量研究，由于他没有发表他的研究，所以对后来的科学没有直接的影响。

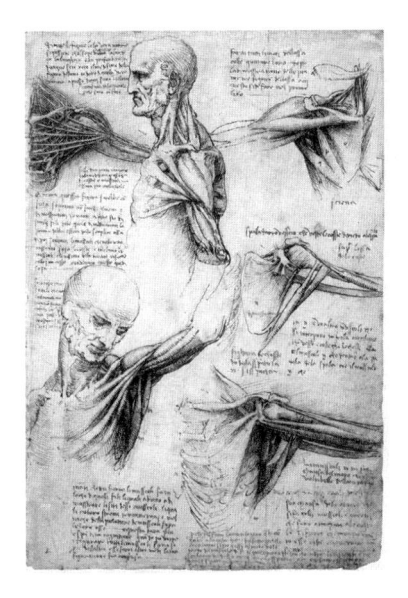

图 3.4

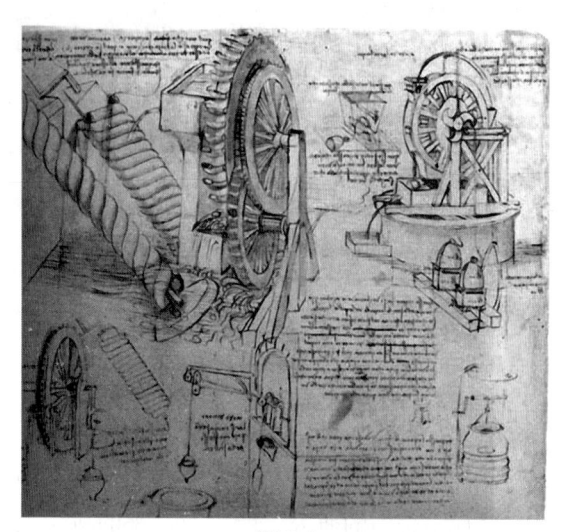

图 3.5

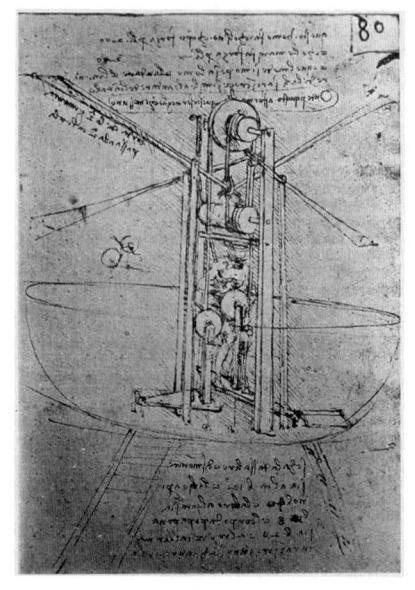

图 3.6

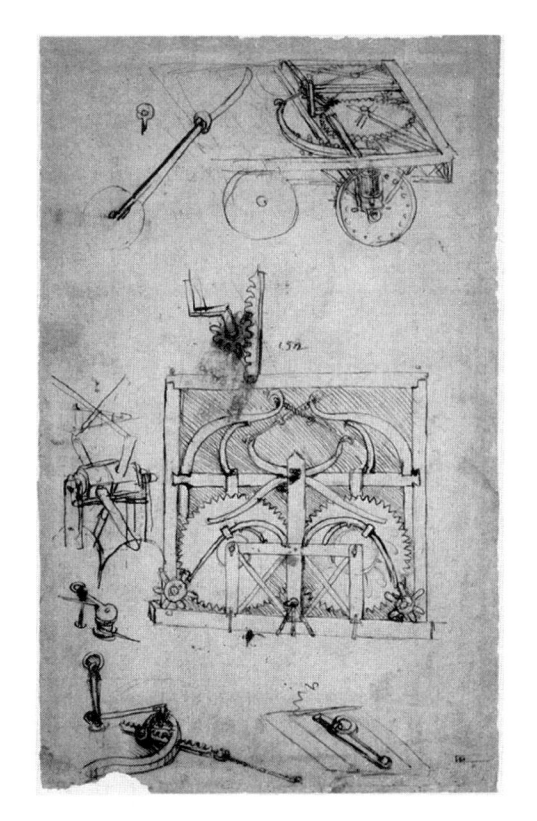

图 3.7

文字无法取代公共设施标志

前面讲图像信息和文字信息是互补的关系。很多时候,图像的作用是使事物的含义在文字概念以外得以充分传递。而标志图案却有极强的独立性。标志图案有时候和文字并用,以图为主,字为辅,有时候是单独使用。纯图像标志在交通、公共场所的信息沟通上更是起着文字无法取代的作用。

讲到标志，我们还是要追溯到前面讲的古埃及的象形文字，古埃及人不仅因为宗教目的而使用这些符号，还将其用作布告、广告和宣传。古埃及人用许多符号和标志讲述故事和传达信息。

最早的道路标志是里程碑，标明了距离或方向。例如，罗马人在整个帝国竖立了石柱，用来标注与罗马的距离。在中世纪，交叉路口的多方向标志变得普遍，城市和城镇都出现了路牌。

1686年，欧洲第一个已知的交通管制法案由葡萄牙国王彼得二世建立。这项法案使里斯本最狭窄的街道上安装了优先标志，说明哪个方向的交通应该退后让行。至今仍然有一个路标竖立于阿尔法玛附近的萨尔瓦多街上。

在19世纪70年代后期和80年代早期，第一批大规模建造的现代化路标是为自行车骑手而设计的，不仅仅标明距离或方位，而且警告潜在的危险（特别是在陡峭的山丘地段），从而促成了现代交通标志的形成与发展。图像信息质量高、识别时间短，文字信息质量低、识别时间长，随着交通工具速度的提高，驾驶员识别路标的时间越来越短，要求的路标信息质量越来越高，路标从文字转化为图像成为必然。

汽车工业的发展大大提高了交通工具的速度，要求路标的设计更加科学。文字的多样化局限和远距离可视度低的弱点使路标越来越多使用图案。1895年，意大利旅游俱乐部设计了第一个现代道路标志系统。到1900年，巴黎国际旅游组织联盟大会提出道路标志标准化建议。1903年，英国政府根据形状推出了4个国家通用的路标，但大多数交通标志的基本格局都是在 1908 年于巴黎举行的国际道路大会上确定的。1909 年，9 个欧洲国家政府同意使用表示颠簸、交叉路口、弯道、铁路十字路口的 4 个图示符号（见图 3.8）。1926 年至 1949 年，欧洲在国际路标发展上做了大量的工作，最终形成了欧洲道路的标志系统。英美两国也各自制定了自己的路标系统，这两个系统都是借鉴了其他国家的经验并修改完善的。英国在 1964 年采用了欧洲的道路标志，而在过去几十年中，北美标牌开始使用一些与英文混合的符号和图形。

颠簸

交叉路口

弯道

铁路十字路口

图 3.8

由于交通环境和交通状况的变化，标志的设计就需要在高速交通状况下给司机传递信息，需要直接、清晰，在远处就一目了然。而所有这些改进都不是要增加信息的数量，而是质量。文字需要醒目,如果文字的远视率有限,就要靠图像增加视觉冲击力。在通常情况下,图像的视觉冲击力比文字要略胜一筹,其根本原因就是图像的信息质量比文字高得多。

要使图像标牌发挥其应有的作用,必须能够在没有文字的情况下跨越文化和语言之间的障碍。按照标准的颜色和形状等进行设计,就能够大大增加其被普遍认知的可能性。标志的图案可以帮助其传达信息。图案可以是以品牌或设计为基础,还可以用一组标志惯例去标示统一的意义。每个国家可能会因为文化的不同去选择使用不同的标牌形状。一些常见的标志形状约定如下(见图3.9):

矩形标志通常用于向人们展示一般信息;

环形标志通常表示必须遵守的指令,强制或禁止;

三角形标志通常是警告标志,用于传达危险或提醒人们注意。

注意野生动物　　禁止驶入　　施工

图3.9

由于各国文字五花八门,图像标志的功能在日趋国际化的生活里变得非常重要。例如在某个国际机场，旅客来自世界各地，在这样的环境中，用当地语言做标牌对旅客不会有什么帮助，使用图像、符号标志才会有效。因为图像语言是跨越国界、跨越文化的通用语言。

在日常生活中，处处都可以看到图像标志。比如说，路标、公共厕所标志、公交标志、地铁标志、防滑防火标志、游泳标志等，设想一下，如果我们用文字取代这些图像标志会是什么结果？外国人和不识字的人会看不懂；标志容易被忽略，缺乏警示性；人们要走近才能看清楚。

以上所谈到的图像标志是最简洁、最直接、最简单、最明确的图像语言，它们使所要表达的信息一目了然，没有歧义，不会产生误会。简易化是这种图像应用的关键。标牌需要设计美观，但是标牌的目的不是让其具有艺术美感，而是能简单有效地传递信息，简单是为了创造视觉冲击力，让更多的人看得见。但是图像不光是要让人看清楚，还要让需要的人看得懂，比如说示意图。所以图像语言要求具有高准确度。

文字无法描述示意图中的全部信息

组装示意图、各种产品的工业造型设计图、建筑平面图、建筑效果图、地图、人体解剖图、地质剖面图等，都是示意图。与前面的标志不同，图像在这里要承载大量具体而复杂的信息。人们必须利用图像的复杂性，以文字为辅助，使错综复杂的信息显而易见，通俗易懂，使具体操作成为可能。

图像是简易还是烦琐，是由信息的功能性决定的。比如，与"前面有大人小孩过马路，请注意"这样一句标语相比，图像标志更为简洁，又表意清晰，为的是让远方的人更容易看清楚（见图3.10）。

图 3.10

反过来，如果一些内容无法用语言表达清楚，很难解释，需要图像帮助，我们仍然强行用简化的图像，就是驴唇不对马嘴。现在有一些所谓的图像专家片面强调简易图像功能，却忽略了复杂图像的功能。

图 3.11 是"二战"时德国 U 型潜艇设计图，如何用简易的图像来表达以上信息，让造船工人能够依照设计图把潜艇准确打造出来呢？在这样信息庞大的情况下，我们只能用复杂的图像结合文字一同传达信息。而一个有规模的企业的复杂程度远远超过一个潜艇的复杂程度，所以我们不能片面粗暴地简化图像信息，而是应根据具体情况在适当的范围内进行简化。

Chapter 3 大象无形的原因

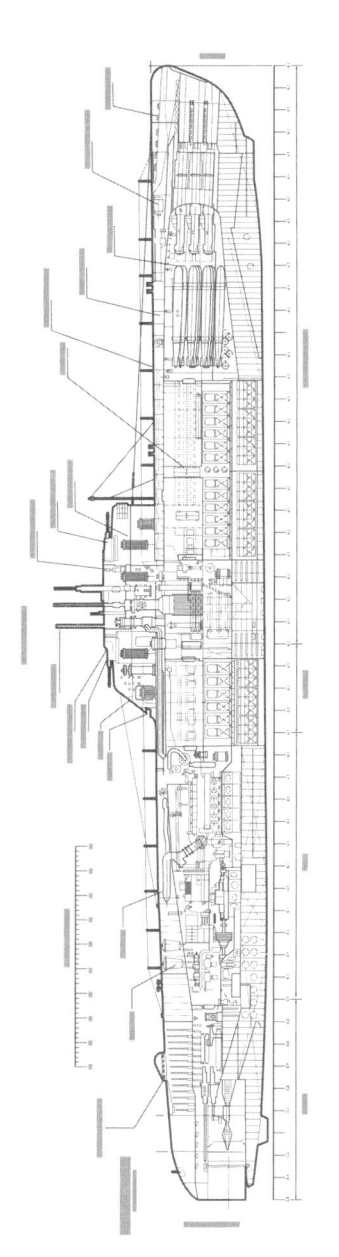

图 3.11

总之，语言源于图像，图像承载大部分信息。简单的含义用简单的图形会更易于辨识记忆和具有视觉冲击力。复杂的信息用复杂的图像辅以文字，图文并茂，可使信息以最完美的方式传递。

在商业信息交流中，虽然文字和数字是主体，但要在市场竞争中以高质量的信息输出来赢得客户，招牌、商标、图表一直是不可或缺的工具。但是在企业内部，在战略制定和沟通的过程中，整个市场、战略、企业文化等的"大象之形"往往在文字和数据的海洋里消失，我们需要用图像将它们画出来。

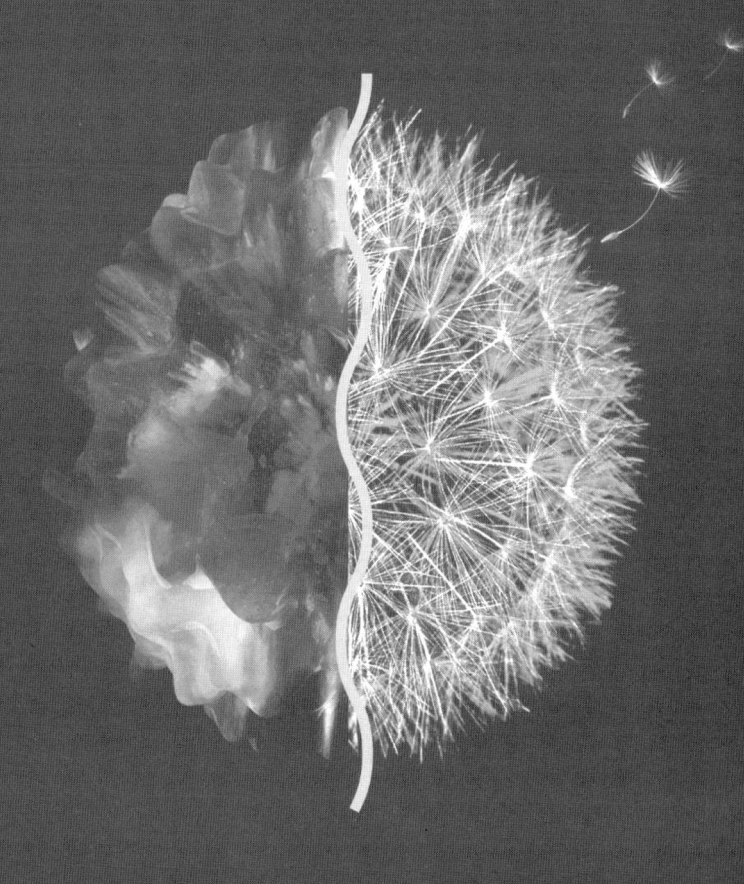

Chapter 4
用文字组图

当我们发现文字和数据不能展现"大象"之形后，如何用图像帮助我们进行商业沟通？最简单的答案是请图像专家。现在的美国和欧洲市场，图像专家形形色色，但是大部分人所用的技术是大众化的，也就是说，他们能"画"的，大部分人都能"画"，他们中很多人在接触这个行业之前甚至从来没有画过画。那么他们是怎么"画"的呢？有那么容易吗？秘密在于美术的构图原理。那么我们如何运用美术的构图原理在会议对话过程中创造共识？如何记录？如何画画？如何谈画呢？

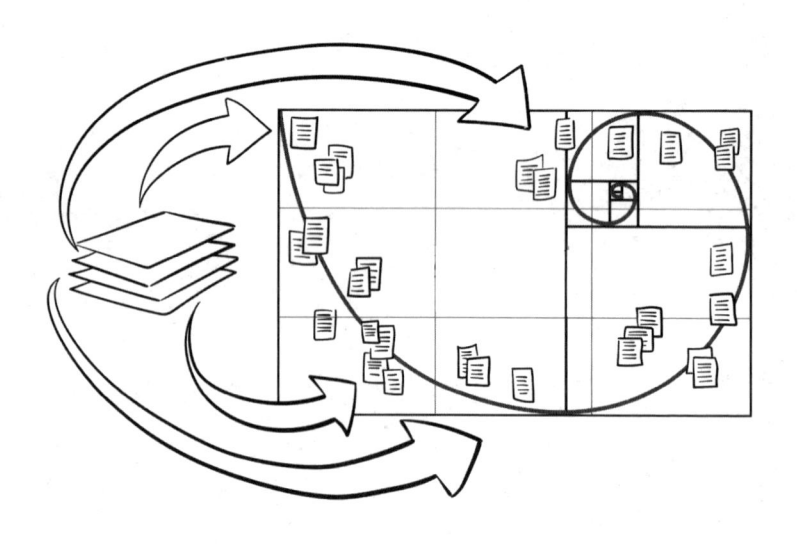

CEO 的话和画

在我为一家世界著名的汽车公司进行商业视觉化服务的时候发生了这样一个故事，当时我遇见该公司的 CEO，我们暂且称他为里克吧。我这些年见过很多大企业的 CEO，里克给我留下的印象特别深刻，他个子高高的，目光深邃，说话平易近人。当时在座的 11 位管理者还有我们 4 个顾问都是西装革履，会开到一半的时候里克进来了，上身穿着西服，下身却穿着一条脱了色的旧牛仔裤。我们已经忙了一早上，我根据几位副总对汽车市场的分析画了一张草图，我们把草图放在里克面前。我觉得画得不错，几位副总也很满意他们谈话的图像呈现，很兴奋地向里克说明他们的对话内容和图像要表达的意图。里克一边认真听他们的解说，一边仔细审视图纸，当大家的话讲完后，他仍然看着图纸沉思。会议室里鸦雀无声，气氛好像有点儿紧张，空气似乎凝固了。他终于开口了，问道："这是你们的看法？"

几位副总回答说："有我们的意思，但主要是您的意思，是昨天的会议上您向我们传达的，我们今天基本达成共识，并且认可这个图像表达。"

　　里克说："也许我是这么说的，也许你们是这么听的，但是这图的确不是我所要表达的意思。"然后他把他的意图又说了一遍。我有点紧张，又赶紧重新设计图像，捕捉信息。在他滔滔不绝地讲了一番以后，我把画得差不多的草图放在他的面前。他很快扫了一眼，摇摇头说还是不准确，图上不完全是他所要表达的意思。我当时真的有点不知所措。这时，他居然从我手中夺下画笔，开始在另外一张白纸上重新勾画起来。那是第一次有客户拿过我的笔自己画，那一刻我紧张得汗都冒出来了，但是又无可奈何，只好看着他勾勒一番，虽然他画得不怎么专业，但是我在他的圈圈点点和箭头、树枝般的人形图上领悟了一点他说的意思。大概意思就是发达国家的市场应该如何运作，发展中国家的市场应该如何运作，两种市场之间的关系是什么，整体战略是什么。然后，里克把图纸放在桌子中央，借着图向大家解释，与会人员也频频点头。在他解释图画和与其他人问答的时候，我把他所表达的内容用设计构图原理和素描技巧组织和整理了一下，他这才心满意足地点点头说："这就是我所要表达的意思。"大家如释重负。会议结束时，里克和我开玩笑说："我上中学时本来想学美术的，结果家里反对，只好做了CEO。"在这个过程中，一个全球知名的汽车公司的老总在语言无法全面传达意思的情况下，应用画图和语言解说成功做到了意图沟通，让大家达成了真正的共识。

图像虽不能取代文字，但在沟通中也起着不可或缺的关键作用，只有图文并茂才是完全传达真实意图的万全之策。

图盲的误区

在服务的过程中，我们经常会碰到这样的客户，他们自称是"图盲"。我对这类朋友做了一些简单的调查，我认为他们主要有以下几种心态：认为自己没有绘画天赋；认为自己是图盲，没有形象思维的能力；认为图像过于主观、感性，缺乏逻辑，不够客观；认为用图像，特别是卡通图像进行沟通是幼稚的行为，不适合商业这样的严肃话题。

其实，我们可以观察一下小宝宝刚刚出生的时候，在他们还没有掌握语言和数字时是如何和父母沟通交流的。小宝宝会用哭声表达他们的需要，又会通过观察周围的图像信息进行判断。这些信息包括人物、事物、环境等，是最原始的信息媒介，婴儿最初就是通过图像和声音学习了解这个世界的。

值得注意的是，象形文字也是由图像演化而来，这说明图像是人类最原始的信息工具，认识图像是与生俱来的能力。人这种处理图像信息的原始能力在商业战略执行上是一股不可忽视的力量，这种力量可以跨越地域、国界、文化、种族、代沟、行业、职能。

然而，有很多自以为聪明的人故意忽视它，所以我对上面4种心态的反馈如下：

第一，也许你没有足够的绘画天赋，不能把所看到的事物画好画准，但是你一定能画。现在，企业里已经有许许多多管理人员应用图像辅助自己沟通。当我步入各大公司的会议室、工作间时，都可以在白板上看到他们留下的痕迹。我会在以后的章节提供一些方法和工具助你画得更加得心应手，可以让自认为没有绘画天赋的人发现自己能画画，甚至能用画来表达的一些简单的意思，让那些已经在尝试的人能更有效地运用图像进行沟通。

第二，也许你自认为没有形象思维能力，但是正如前面讲到的那样，形象思维的能力是与生俱来的，就像大家在组装家具或者电器的时候都用示意图一样。

第三，也许你认为图像过于主观、感性、缺乏逻辑，不够客观，但图像化商业管理（合作、沟通）就是在主观和客观、感性和理性、逻辑和直觉、图像和文字的转换中创造效益的过程。

第四，也许你认为用图像进行沟通是幼稚的行为，不适合商业这样的严肃话题，但是众所周知，在商业手段中没有幼稚和严肃之分，只有无效和有效之分。

从以上几点，我们可以看到图像在沟通交流中的必要性和可行性，其实，在众多的商业幻灯片里我们都可以看到对图像的运用，如图表，使复杂的经营数据一目了然。这其实就是把抽象的数据具象化，把商业信息简易化表达，是图像化的基础。

在这本书里，我想介绍图像在商业管理中的新应用，用图像表达宏观市场、商业系统、经营模式、企业战略、人才多元化、供应链、价值链、企业文化、企业使命、企业愿景、企业价值观、财务流程等。这些话题很难用一两个简单的图表来表达，如果用多张图表，又缺乏信息和信息之间的联系，没有联系就很难让人从整体上理解商业故事。就像一份几十页甚至上百页的幻灯片，当别人讲到第八页时你还记得第一页是什么内容吗？即使记得，也很难顾及第一页和第八页的关系是什么。所以，有一些很重要的商业话题是简易图像不能表达的。有了系统的图像之后，我们还可以以素描和渲染的方式给图像信息加上情感元素，使观众思维兴奋、思路活跃、想象力丰富。通常情况下，我们的顾问用几十页挂图纸记录，而我就用一张大的平面图把每页纸上的内容连接成一个系统，让大家能够看到每个信息之间的关系，并就这些关系进行讨论。

有一次，一家建材公司的市场部来我们公司开策划会议。我们的 CEO 吉姆主持会议，大家分组讨论，吉姆几个小时就把几本挂图画完了，记录得面面俱到的每一张挂图上都有好多细节。高管们再看旁边白板上的图像，很兴奋，激动之余问我说："你的记录和吉姆的几十张挂图记录有什么不同？"我反问："你们先观察一下，告诉我你们都在图上看见了些什么？"大家你一言我一语，这个人发现某个图像很有意思，另一个人发现那个主题抓得很准，讨论很热烈。我又追问他们："你们觉得这和挂图记录有什么不同？"他们回答说："挂图是一个季度一个季度独立的细节。你的图把所有季度的重点横向连起来，讲第一个季度时可以看到最后一个季度的情况。我们的想象力被打开了，视野扩展了。我们可以讨论前一个季度的事情没做好会给下一个季度造成什么样的影响，后一个季度应该有什么样的后备计划以防万一，这都是在挂图上没有讲到的重要环节。"我看着他们微笑不语，他们恍然大悟。

连写带画

自从那家汽车公司总裁里克从我手里夺去画笔，我就开始把我手中的画笔交出去，提升大家参与的热情。下面这一次，是我第一次没有自己画图。通常情况下，我们的每一个项目小组是由一个顾问、一个视觉化询导师、一个项目经理组成。顾问主持会议，视觉化询导师现场作图，用图像记录谈话内容并解释。而这一次却出现了意外。

一家加拿大的跨国银行的70余位资深财务顾问在加州圣塔巴巴拉的四季酒店开会，替整个公司规划未来。我记得那一段时间项目特别多，非常繁忙，我经常上了飞机才开始看项目合同里安排的内容。客户的合同内容大概是这样的，首先要求我先用短短15分钟讲绘画教程，然后在之后两天的会议中轮流在8个讨论小组中进行指导。该公司的CEO会在我之前给8个讨论小组轮流进行市场战略建议。最后我和四季酒店的总裁及公司的总裁一起做评委，给8个小组画的公司未来愿景图打分，评选出第一名，作为公司的未来愿景图。

从底特律飞到洛杉矶要4个多小时，我花了大部分时间在整个项目计划书里翻来翻去，始终没有找到需要我画图的部分，我十分生气，很想找项目经理凯瑞质问一番，为什么不安排我现场画图。等我喝了一杯红酒冷静下来后，我想可能凯瑞是新人，所以不知道我能做什么，但是我知道这时要更改合同和项目方案肯定来不及了。我开始考虑如何在不改动现有项目内容的情况下保证为客户提供的服务的质量和图像化的价值。我考虑到与会者都是金融行业的数字专家，可能会对画图有恐惧，我觉得重要的不是教他们绘画而是帮助他们克服画图恐惧。我知道自己必须从美术专家的思维模式走出来，从用户角度考虑。既然他们中有很多是数字专家、语言专家，我就想，也许把图像当作文字教给他们可能会比较容易接受。那如何从他们的角度设计一种容易上手的图像语言呢？我首先联想到中国文字是象形文字，是从图像发展成符号，最后成为现在的文字的。于是我逆向反推，画了一些简单的图像，多用直线，以便于他们上手。

其实，我当时是抱着试一试的心态，并没有把握能够让这些金融专家拿起笔去画图。我到四季酒店时，我的两位同事被安排到酒店房间，我却意外地被邀请到一处靠近海边的幽静院落。这时我才意识到，他们是把我当成图像专家和艺术评委给予特殊待遇了，我觉得有点受宠若惊，想着更应该提高服务质量，就临时在酒店房间又多准备了一些教程（见图4.1），然后用酒店的打印机打印了8份，准备每桌一份。

第二天会议一开始就是我登场。我站在讲台上先提了一个问题："你们大家谁认为自己有图像思维能力，请举手。"

70多人的会场就只有两个人举起手，我觉得自己有点愚蠢，对一个错误的人群问了一个错误的问题。为挽回我的错误，我又问："谁小时候画过画？"这次大概有十几只手举起来，但是并没有减轻我的愚蠢感。我于是接着问："在家有看过自己孩子画画的举手。"这次有三分之一的人举起手。我说："就这样吧。"我拉过一个挂图，开始边做示范边讲，内容分成三部分：一、二维书写和平面构图；二、业余绘画技巧和图像元素；三、图像语言和图像字典。

图像列表：方、窗、楼、箭头、龙卷风、旋转、球、全球、氢气球、外太空、海、河流、星、闪光、灵气、铅笔、纸、马克笔、鸟、本子、路、山、愿景、房子、房子、树、沙漏、时间、砰、笔记、活页夹、电视、电脑、广播、书信、书、层、盒子

图 4.1

为了让他们克服对绘画的恐惧，我临时把书写文字列入画图范围。

在我做了示范教程后，我问大家现在有多少人准备好画图了，超过三分之二的人举起了手。

我松了一口气，把没举手的小部分人和其他人进行配搭，让不敢画的人参加讨论和文字记录，在互动的过程中把自己的想法融入画中。在之后的一天半时间里，我基本上坐在会场边观察，不时会有人把我请去他们小组进行艺术指导和技法建议。我清楚地记得，有一个组画得比较快，在画了接近一半时，他们发现重点画错了，需要更改，问我怎么办。我告诉他们用剪贴的方法，结果他们越贴越多，越贴越厚，最后的图像颇有立体效果。与此同时，该银行的总裁也花了大半天时间轮流与每个小组分别座谈，就公司的市场信息进行沟通。最后，我和四季酒店的总裁、该银行的总裁一起做评委，8个小组逐一上台展示他们绘制的公司未来蓝图，我们对每个小组的作品进行点评。那些刚开始放不开的朋友们竟然在台上绘声绘色地描述他们所画的蓝图。有的人甚至在回答评委问题时用身体动作对画面进行补充。有的竟然还跳舞，台上台下欢笑声一片，很有点《美国偶像》的味道。最后，三位评委综合大家的投票结果选出第一名，然后由我将第一名的作品带回公司进行专业描绘并渲染（见图4.2）。

图 4.2

我观察到他们在画图时几种角色的配合。每组有2～3个人画图，虽然开始有三分之二的人跃跃欲试，真动手时就被少数特别自信的人抢了风头。还有的人开始画了几笔，就谦虚地让更会画的人去画，自己仍然拿着笔用文字标注。还有的人高谈阔论，把自己心里的图像表达出来让别人去画，又针对画出来的图做评论。还有的人拿着剪刀胶布做手工。

虽然这次我没有参与画图，但是完全达到了我们预期的效果。我所需要的所有角色都已经有人做了。这是一群平时用左脑工作的人，满脑子的金钱和数据，而我只是稍微做了一点指导和培训就使这群没有绘画基础的商业人才了解了视觉化的程序。更重要的是，通过视觉化的创造过程，一群极富个性的人相互合作、相互学习、相互理解、相互包容、相互补充、相互完善，最后把公司前景用包含丰富信息的图像表达出来了。

我们在这次经验的基础上总结完善出两套程序，并设计了一套简易图像字典，能让没有绘画基础的管理人才，通过短短的十几分钟的集训，把他们的商业故事用生动的图像表达出来。

非美术的图画课

我想，既然图像辅导普及性很高，为什么不先在公司进行普及呢？

有一天，我把公司的大会议室包下来，邀请公司所有的咨询顾问来学习如何做"图像辅导员"。我的意图是在根源咨询公司内部为咨询顾问们提供图像化的培训，推广图像辅导技巧的运用。

我知道公司的顾问们都很忙，所以估计参加的人数有限。结果那天早上我走进教室时，居然来了二十几个人，很令我受鼓舞。

我让人把整个办公楼的挂图架都找来，每人一幅，环绕会议室摆放，因为空间有限，所以只能把一面墙铺上最大的纸，让几个人共用。会议厅中间摆了一张桌子，我请两三个设计人员坐到桌子那里。通常情况下，是顾问们推动谈话，设计师用文字和图画来记录，而这一次我反其道而行。

我站在台上，将3支不同颜色的马克笔夹在手指之间，举起手让大家模仿。看得出来，有许多人很兴奋，也有人有点紧张。我让大家一起在挂图上写下"图像辅导"4个字。然后请他们拿出最近的一个项目资料开始讨论，同时，我请大家用书写的方式开始记录。对于这些顾问来说，用挂图做笔记都是他们的基本功，只见大家有条不紊地在挂图上一条一条记录，但是很明显，有的人写得密密麻麻，有的人写得简单明了。从客户讲的话里抓重点，记在挂图上，是一些有经验的顾问的拿手好戏。很快，大家写满了一页。

这时，有个名叫格雷格的顾问按捺不住说："这些我们都会，不用教，我们是来学绘画的，能不能教点绘画的秘诀。"

我对他说："别着急，慢慢来。"

格雷格是获得了教育学博士学位的顾问，艺术是他的业余爱好，平时就经常把他业余画的油画给我看，让我指点一下，这次他当然特别积极。我扫了一眼那几个一开始有点紧张的人，发现他们已经稍微放松一点了。

我接着说:"我之所以让大家记录谈话内容,是为了告诉大家,内容最重要,'听'在'画'之前,'画'在'听'之后。请大家比较一下各自记录的文字,有没有什么不同?"

格雷格回答说:"文字密度不一样。"

"为什么呢?"我追问。

"他们没有抓住重点。"有人指着密度大的挂图说。

我说:"告诉你们一个笑话。我是中国人,英语是我的第二语言,一开始在现场作画时我真的听不太懂,但是每次画图都能快速抓住对话中的重点,甚至连客户都惊讶,他们的对话还不明确时我的画已经清晰了,知道这是为什么吗?"

大家好奇地看着我,我说:"因为我英文听力有限,只能听懂重复率最高的字句。"大家哈哈大笑。

等大家静下来,我说:"我只是想说明,图像辅导的一个原则就是'听'很重要,带着'过滤'的耳朵听更重要。请大家把挂图翻页,接着记录对话,这一页请记在挂图四周,把中间一块空出来我们好画图。"

格雷格问:"空多大呀?"

我回答:"您自己看着办吧。"我的目的是打破他们一条一条写字的常规,使其进入绘画的思维模式。果然,大家写得有点乱,中间的留白也大小不一。但是他们写的内容不再是一排一排的,而是一块一块的,这正是我要他们摸索的。这时,我请他们在中间的留白处用线条和箭头把记下的几点信息连接一下,中间的空白处成了一张网。

我接着说："这就是让你们体会一下什么是构图，是图像辅导的根本，在学怎么画之前应该知道在什么地方画。"

这时，有人打岔："在纸上画。"

我说："是在纸上画，但你们要先知道在纸上的什么位置画，从哪里开始，到哪里结束，这叫'构图'。学会了构图，然后再学画什么、怎么画。"

然后我举了几个构图的例子，从编目到分类组群、从焦点中心定位向四周扩展、从左到右流动、从上到下流动、旋转循环流动等，然后讲了根据不同的对话内容选择合适构图的例子。

"构图以后我们就可以画了。"我让他们把挂图再翻页说，"直线是这样画的。"我示范起来，画了横线、竖线、斜线、抛物线、曲线、三角形、矩形、圆形等。

格雷格抗议说："你这是在教绘画？明明是在教几何。"

我回答："第一，我没有说我要教你们绘画。第二，我不需要向你们显摆我画得多好。第三，我就是想让大家知道你们本来就会画，只是你们不敢画。"

我一边说一边在挂图上接着画："长方形加上三角形就成了箭头，圆形加上两个点和一条线就成了一张脸，矩形下面画两个圆就成了车。谁说几何不是画呢？"

我转回身来看，只见大家在手忙脚乱地跟着画几何图形。只有格雷格目瞪口呆地站在那里。

我问："格雷格，你有什么问题吗？"

他说："没想到就这么容易。"

我说:"没错,就这么容易,只要你们勇敢地画起来,就是这么容易。我要告诉大家的是,图像在这里不是艺术,只是工具。你们刚才写字的时候并不是每个人都写得很漂亮,实际上大部分人的字都写得很难看,但是我怎么没有看见你们任何一个人不敢写字呢?"

格雷格说:"画得不像你那么专业,当然会不好意思。"

我回答:"请把注意力集中在内容上面,对话的内容是变化很快的,你的记录要跟上对话的速度。如果你们过于在乎画得好不好看,肯定会降低记录的速度。我知道大家习惯于看学习图的绘画质量,但是图像辅导是过程,不是产品。请大家看看市面上图像辅导图的例子。"

我把市面上一些有名的图像辅导员的图纸从网上找出来,投影到我身后到大屏幕上。放了几张图后,停在一张图上请学员描述一下,然后我问:"大家觉得这幅图怎么样?"

有人说:"画得好。"

我把镜头推到上面的小人上,指着上面孩子气的图形问:"你们觉得你们能画成这样吗?"

好些人说:"能。"

格雷格说:"我应该比他们画得好一点。"

我说:"内容最重要,当你的观众把注意力集中在你记录的内容上时,就不会太在意你绘画的技法。比如你的观众说了句话,大家都听到了,你把这句话写下来,如果这句话错了,难道会有人说你写错了?他们只会纠正那个说话的人。"

格雷格问:"那我已经把错误的话写上去了,怎么办?"

我一笑:"涂掉重写。"

格雷格说:"那多难看呀?"

我说:"那又如何呢?记住,图画只是工具,不是艺术。"

总结一下那堂的几个重点:

倾听内容是关键;

分析对话,抓住重点;

构图的几个公式;

图像的几个语言元素;

克服羞愧感,图画是工具而不是艺术。

文字组成的图像

视觉化流程有三种形式:以构图的方式组织便利贴,即便利贴构图;以构图的方式书写记录,即二维书写;图像记录(见图4.3)。

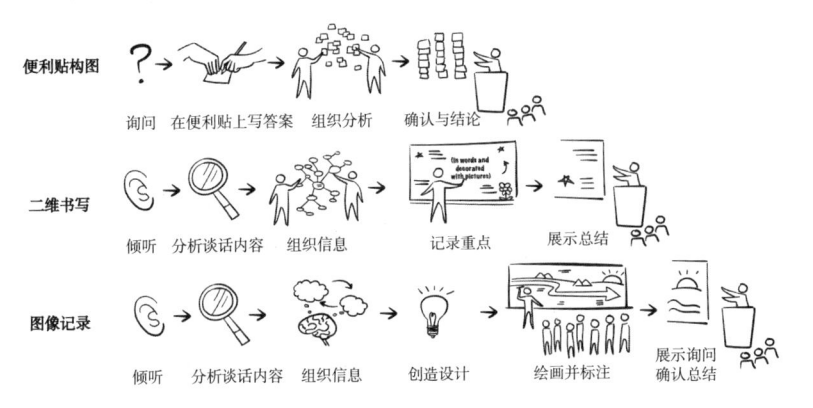

图4.3

便利贴构图

便利贴构图沿用了设计中的排列组合，这是一个已经被普遍使用的工具。根据会议中的问题，让大家各自在便利贴上写上答案，然后贴在墙上进行观察分类，分成几组信息群后，用大一号的便利贴给每组命名，再次观察调整，直到与会者共同认可。其优势在于：写下来的想法经过慎重思考，因为只说不写的话，想法会相对草率；每个人的想法都被展示出来了；平面移动非常方便灵活，这是我对这个方法最欣赏的一点。便利贴构图的程序是提问、观察、分析分类、讨论、确认并总结会议内容。应用便利贴不需要画，所以不需要参与者有任何绘画基础，只需要书写清晰，对贴在墙上的便利贴有判断能力就可以了，这是所有人都能做到的，不需要什么技巧（见图 4.4）。

图 4.4

二维书写

　　二维书写其实就是用美术中的构图方式进行书写记录，也要用一点设计中的排列组合。你可以不会绘画，但是你总会写字吧，那就先写后画，从你熟悉的活儿做起。二维书写从表面上看有点儿像中小学生做的黑板报。但随听随写，需要有倾听的技巧和快速分析的能力。通常我们写字是从左到右，一行一行地写，我称之为纵向排列。二维空间里的记录我称为信息群组合，信息群组合和便利贴按类组合的功能是一样的，只是不用便利贴而直接写在大的纸上。记录者需要有较强的倾听能力和分析能力，这样才能把主要内容记录下来，把重要内容强调出来。请注意，一定不要像记录口供一样逐字逐句记录下所有信息，而是要把分析归纳出来的重要内容记录下来。当把不同的纵向排列信息一组一组排列时，我们称之为纵向排列组合。把纵向排列组合打乱，重新组合，我们称为信息群关系组合，是用来梳理信息之间关系的（见图4.5）。

　　既然是平面书写，就一定要写字，因为是写给大家看的，所以写法有一点讲究。美术字的使用是为了强调一个信息群的中心思想，使观众即使在较远的地方也能看清楚（见图4.6）。写美术字耗费时间较长，所以应少用一点，尽量使用在关键的地方。

　　为了能够分析出信息群之间的关系，我们可以把垂直分组的信息群一组一组上下左右展开。如果有主题的话，就可以以主题信息群为中心，往四周分层次地延伸，原理和思维导图的中心构图一样（见图4.7）。如果有顺序的话，我们可以以一个信息群为起点，以一个信息群为终点，把其他信息群放在二者中间相关的位置，这叫流动性构图。

纵向排列

纵向排列组合

信息群关系组合

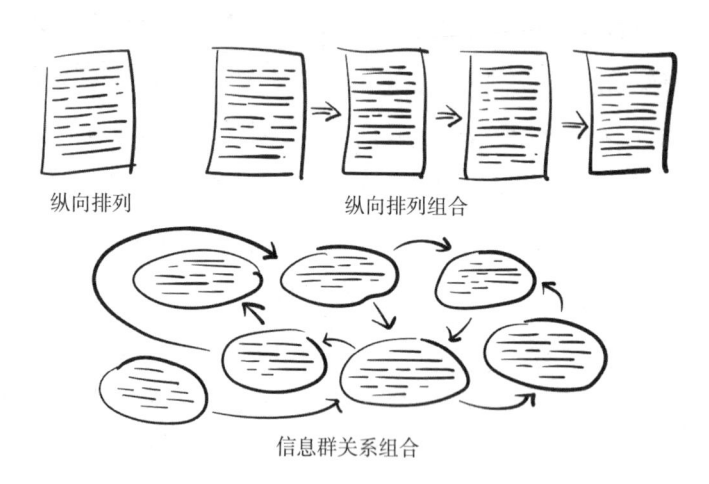

图 4.5

图 4.6

图 4.7

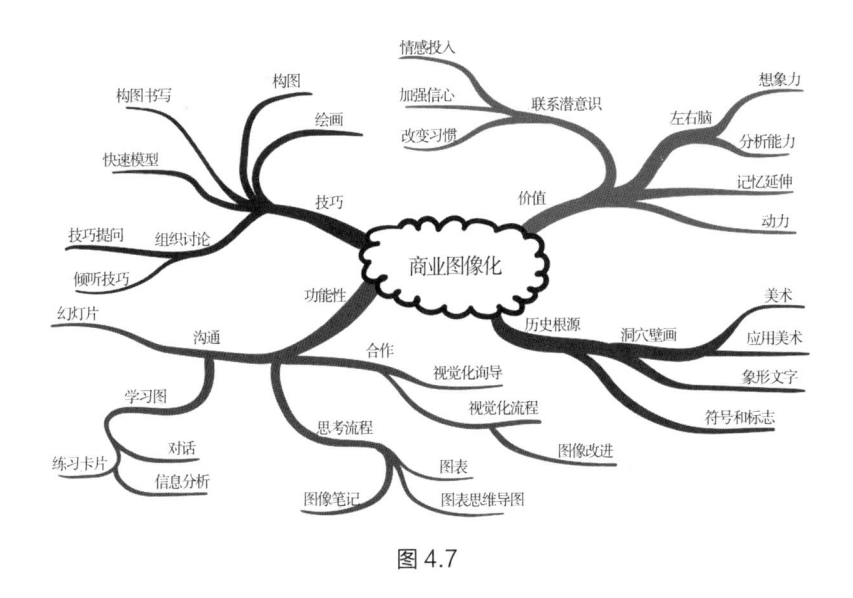

图像记录

　　图像记录需要预备一个大的记录平面和记录工具，记录平面如果是硬纸卷，它的高度在 1.2 米，它的长度可根据会议室的空间来决定，越长越好。备三四种颜色的马克笔，黑色必备。然后讨论、倾听、观察、分析、记录、展示，并用记录回顾总结会议内容。平面书写需要操作者掌握一些简单的倾听和分析技巧，倾听就是听明白大家在讲什么，分析就是把每一个话题的主要意思及话题之间的关系捋清楚，用自己的关键语句总结出来。小窍门是从最重要的问题开始记录，每出现一个新的话题都要搞清楚它和上一个话题的关系是什么。书写时可运用线条粗细和色彩变化来强调或者弱化信息，用简单的轮廓线来勾勒外框进行信息分类，并且用简单的图像进行连接和点缀。注意要克服对绘图的恐惧和认为自己画得不美的自卑感，要清楚图像在这里的目的不是展示艺术，而是传递信息。

采用这种方式不一定需要绘画的基础，但是需要一点绘画的勇气。它是用箭头、线条及标志性的图案把所讲的信息连接起来。专业一点的人可以用图像语言表达主要信息，以大大小小的文字信息为主体框架，再结合标志图的点缀，把所有信息连接起来。图像记录是以文字为主体。

以上是视觉化流程的三种不同方式，都是以构图为框架，以书写为主体的，其记录的结果有点像以前学校里的黑板报，所以我一直强调，能写就能画。它们可以先后连贯使用，也可以同时组合使用；可以用于十几人的小会议，也可以用于上千人的大会。在大会上，把几个专家的发言用一张图横向联系起来是非常有帮助的，因为专题发言人通常对自己的专题非常熟悉，而对其他发言人的题目和内容所知甚少，更不用说把自己的内容和其他人的内容联系起来讲。而图像记录能够帮助听众把不同演讲者的演讲内容联系起来观察思考。

其实，再高级的图像专家都是用同样的原理来收集组织信息的。这些图像虽然是对一个会议过程的视觉记录，但比较注重过程，如果让没有参加会议的人去看这些记录，也许会看不懂。所以想用图像做战略执行和沟通的话，最有效的工具就是"学习图"。学习图集图像、讨论和练习于一体，能够反复使用，让成千上万的员工自己得出管理者希望他们得出的结论。学习图的视觉化过程比图像记录的过程要全面，图像记录可以算是学习图制作过程中的一个部分，视觉化程序中的连续改动环节也可以用来取代图像记录过程。

图像化合作

　　把以上三种方法结合起来，就可以进行图像化合作。图像化合作，需要一定的专业技巧和知识，还需要掌握一些主持会议的方法。它是在图像变化的过程中完成的，图像快速成型，在四维空间里循序渐进地改动，通过图像专家和高管们的互动，在图像变化过程中促成思想和观点的延伸，或者促成思想和认识的统一。

　　专业的视觉化询导师可以利用自己的技巧为用户提供更多的价值，如可以灵活地运用透视在虚拟的三维空间进行纵深造型，可以用图像隐喻启发和联系信息，用图像语言创造信息流动感，用绘画技巧表达人物情绪，用漫画技巧表达事物的"表情"，为用户提供一些"情绪价值"。

　　如果有这种需要，最理想的是请视觉化询导师，他们既懂商业又精通美术，知道什么时候用什么画面解决什么问题，效果比较好，但是费用比较高。也可以让一个商业顾问和一个速写高手配合，或者请一个漫画师用后面讲的谈画的方法进行图像化，但是这些人在经验不足或者配合不默契的情况下，发挥不一定稳定。图像化程序将在第 7 章详细介绍。

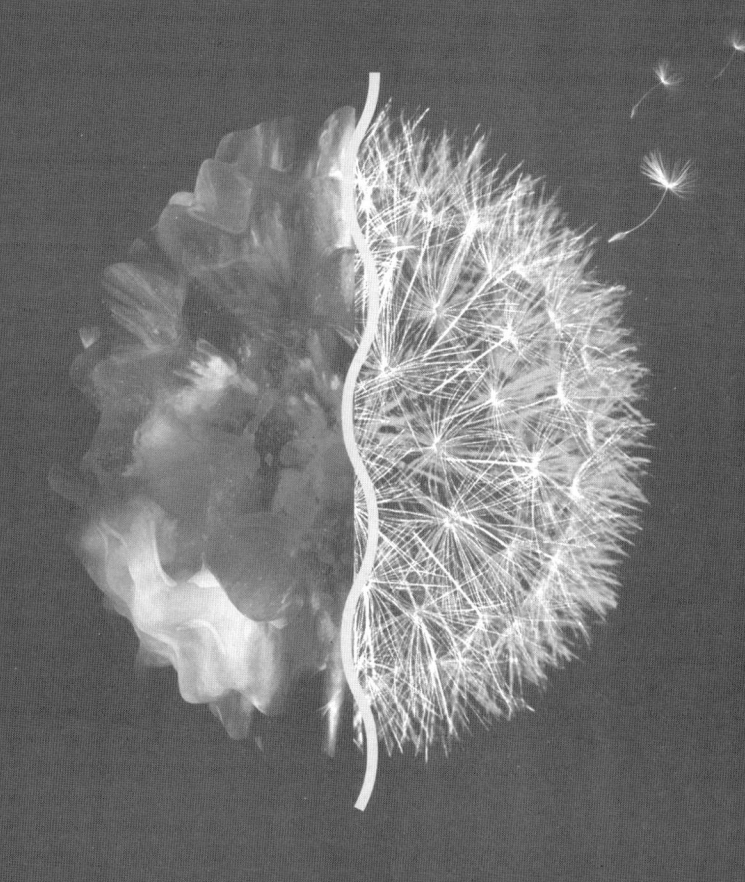

Chapter 5
图像化思维

前面我们讲了自上而下和自下而上两种商业管理模式,但是两者有时在运作过程中效果都不理想,需要图像化来真正实现它们的价值。我会在本章谈一谈如何用图像化思维和图像化手段来启动这两种模式。很多时候,不一定需要我们画出来,让图像在脑子里过一下,或用嘴讲一下,或用眼睛看一看,就已经非常有帮助了。

整体思维

我们在第 4 章讲了平面书写，用的是美术设计和绘画中的构图原理，我们下面讲一下如何用美术的整体理念帮助在商业沟通中进行系统思考。

平面构图在商业中的运用不只限于广告设计和包装设计，在战略执行的过程中，它可以帮助管理者建立系统思维，这对企业员工十分重要，也是在经营过程中常常被忽略的地方。管理者常常要求自己的员工做好本职工作，却忽视了要真正做好本职工作需要顾大局、识大体。比如一个战士面对的是一座山、一条路、一座桥、一个敌人，而一个将军在战略地图上看到的是千山万水、千军万马、上百条路和上千座桥。一个战士接到任务，要 3 个小时内修好一座桥，他会觉得这个任务很不近人情。但是当他看见将军的战略图和部署，知道如果这座桥不能及时修好会导致其他兄弟部队的战友被消灭的时候，他就会有动力，会积极主动地把桥按时甚至提前修好。

部门和部门之间的合作往往是推进项目时的薄弱环节。在繁忙的业务中，每个部门很容易只看到自己这"一个点"和与自己部门对接的部门这"一条线"，却忽略了整个企业甚至整个市场这个"面"。在这个"面"上的焦点是客户，不是我们手上的活儿。

市场部门觉得自己最重要，认为没有他们客户怎么知道公司的产品呢？销售部门觉得自己最重要，认为没有他们哪里来的营业额呢？生产部门觉得自己最重要，认为没有他们公司哪有产品呢？研发部门觉得自己最重要，认为没有他们产品怎么更新呢？北美区的总裁觉得自己最重要，因为他们的销售额最高。亚洲区的总裁觉得自己最重要，因为他们的市场潜力最大。欧洲区的总裁觉得自己最重要，因为他们产出的利润最大。于是大家要么各自为政，要么争抢预算，要么争抢人才，要么争抢重点业务项目，要么相互排斥。

每一个国家或区域的分公司，每一个职能部门，每一个产品的生产线，甚至每一个员工，都觉得自己做的那一摊事情是最重要的。如何让员工顾大局、识大体，认识到自己只是企业这个大系统的一个重要零件，这个零件需要和其他所有零件配合运作才能发挥作用呢？美术中有一条重要的原理就是整体观察、整体调整。也就是说，在开始画一组物体时，首先要勾勒物体之间的关系而不是单独的个体。上色的时候，是强调整体的色彩关系而不是某个个体的色彩。就算画到细节之处，还是需要绘画者退到离画面远点的地方观察整体效果。所以，美术的思维特点就是整体思维。而商业却非常注重细节的精确，不能容忍任何细节的错误，是细节思维模式，所以对于商业管理人员来说，把握整体挑战会更大些。

在我读 MBA 期间，有一次的小组作业是推算一条新产品生产线的赢利状况，以此决定是否运行这条生产线。我们组有一个叫布赖恩的同学是全班公认的超级大脑，非常聪明，整体思维对他来说是小菜一碟。他用自己的精算能力最先算出那条生产线的利润，结果是赢利的。但是他的整体观念使他意识到，新产品会影响传统产品的利润，于是他推算了传统产品将会受到的利润损失。然后他用新产品的盈利减去传统产品将要损失的利润，发现剩余利润要小于传统产品生产线的利润。于是，他的结论是不运行这条生产线。大家看了一下他的推算，真的是天衣无缝，同时也为他能够考虑到传统生产线损失的"整体观念"所折服。但布赖恩同学的想法够全面了吗？他看清楚了无形的"大象"吗？从我的艺术整体观念角度来看，布赖恩退得离画面还不够远，因为美术的整体观念并不会满足于仅看到其他生产线这样的视角。我问了布赖恩一个问题："如果我们不上新产品，竞争对手提前上了会怎么样？"那一刻，布赖恩突然意识到，不管我们上不上新产品，市场对旧产品的蚕食都是在所难免的。与其等着被竞争对手蚕食，不如自己蚕食自己，牺牲短期利润，提前占领大部分的新市场。于是大家一致认为，运算结果是一种误导，同意冒险做一个和运算数字相矛盾的顾全大局的决定，结果那一题只有我们组答对了。

其实我觉得，在细节上精算是非常重要的，但如果我们能够借助美术的整体思维来管理企业，就能够做出既关注细节又注重整体的决定。那么如何才能借助美术的整体思维来管理呢？如何才能退远观察呢？借助美术图像中构图的整体思维模式就是最有效的方法之一。

焦点思维

有了整体观念只是有了一个大体框架，还需要找出重点，分出轻重缓急，才能形成一个可以执行的计划。在战略计划会议上，每个高管都想方设法把自己负责的部分作为优先考虑对象，都认为自己负责的部分最重要。

美术中的虚实运用手法可以用来帮助商业管理人员确定和强调战略焦点。就像用传统的相机取景时要调焦距一样，在镜头中，焦点处最清楚，离焦点越远越模糊。在美术课上，老师经常要求把焦点画清楚，把离焦点远的地方虚化处理，营造空间感。在商业战略计划中也有空间。有的事情迫在眉睫，要成为焦点；有的事情可以慢慢来，可以往后放。有的建议影响深远，要重点处理；有的意见是针对细枝末节的，要故意"虚"掉。商业图像化就是利用美术的虚实调节方法来调节战略的虚实，用中心焦点法构图，然后用粗线和细线、实线和虚线、强弱光线来表现。而对这些粗线和细线、实线和虚线、光线变化的讨论可以帮助我们对会议内容的轻重缓急有一个相对准确的定位。通过讨论，确定哪些事情是重点，哪些事情比较次要一些。

让图像激发想象力

不管是用图表、思维导图、图像记录还是学习图进行讨论，我们都应看着图像谈话，边看边想边讲。

一家知名的信息技术服务集团的总裁第一眼看到我们的学习图时说："你们是不是在开玩笑？我们正在经历从生产大型计算机到提供综合服务的商业模式的大规模转型，你们居然用这些小儿科的卡通形象来解决我们的问题。"然后他滔滔不绝地就图纸上那些图像故事谈论自己的批评性建议和想法，本来预计 30 分钟的短会，整整开了一个半小时。在这一个半个小时里，这位总裁逐渐意识到了图像化信息是怎么回事。那次会议之后，我们的学习图成了这个集团进行转型时战略沟通的主要工具，因为这些图像使这位总裁产生了联想，并想清楚、看清楚、讲清楚了一些转型过程中模糊的思路。当我们抛开图像是"小儿科"的成见时，就会发现图像信息能够到激发我们的新感觉和新想法。

写实的画风和求实的作风

我发现图像语言的写实风格可以使多数商业管理人员产生共鸣，所以高管们可以根据企业文化选择适当风格的图像。

虽然和上面提到的这个信息技术集团的合作非常成功，但是它的总裁给的"小儿科"的评价却在我脑海中挥之不去，我开始大量用写实手法绘制学习图的样板。我在绘制上千张不同的图像的过程中发现，写实手法被商业管理人员认可的程度要比卡通表现手法高。写实手法比较适合一些思想传统的管理人员，因为其表现出严谨的态度，少一点稚气，容易被他们所接纳。特别是商业界的高管们，非常讲究逻辑严谨和现实，对卡通有一定的抵触情绪。写实的绘画手法能够给高管们一种信息真实可靠的感觉。然而根据内容，有的主题用卡通的手法绘制比较合适，有的用写实手法绘制比较合适，这就需要具体情况具体分析。其实对于有写实功底的设计师来说，仍然可以用写实的素描和渲染等绘画手法来表现卡通图像。比如皮克斯公司的动画片，把一些写实的空间、光线和质感与卡通相结合，就大大拉近了孩子们和父母的审美距离，增加了可信度。

我加入根源咨询公司时，有两位漫画家前辈已经开始在图像化方面进行摸索。他们是非常有经验的卡通艺术家，想象力非常丰富。但是美国艺术院校的教学重点不在造型的准确，所以他们的写实功底弱，他们常常困惑为什么我的设计方案的接受率要比他们高很多，即使是类似的想法，我画的图像也要更受欢迎一些。我自己当时也不是很明白，因为他们画得真的很棒。经过很长一段时间的调查了解和分析，我才逐渐意识到原因在于我写实的风格，写实的风格增加了信息可信度，也满足了许多管理者对商业话题严谨、严肃的心理需求。不仅如此，写实的风格通常要求更高的图像质量，这是对观众的潜意识有影响的，是可以创造情绪价值的。所以当大家想把会议记录进一步图像化时，需要根据内容选择有写实基础的漫画师。

幽默是思想的润滑剂

卡通图像语言常常被误认为是幼稚的，但是美国报纸上常常能看见幽默而成熟的政治卡通。卡通图像语言在一些敏感话题上有不可取代的作用。

美国商界有一句谚语："在企业文化面前，战略是小菜一碟。"企业大了就有了政治，企业政治甚至成了MBA的一门课，这里面大象无形，隐藏着很多的权力和利益斗争，而这种内部斗争会轻而易举地使战略流产。如何清除这些隐藏的障碍呢？首先，主要管理者要有决心，然后用私下采访的方法收集意见，再把意见画成卡通图像故事，帮助企业领导层认清现状，一起面对一些闭口不谈的问题，并进行深入探讨。之所以用卡通，它可以帮助大家放下包袱，以轻松幽默的心态去面对一些个人行为上的弊端，卡通图像的稚气把问题和人分开了，问题归问题，不会让人觉得是针对某个人，除去了每个人的戒备之心，使他们能够诚实地面对现实，进入批评与自我批评的状态。这样就可以建立起管理人员彼此之间的信任，也大大增加员工对管理层的信任。

戏剧化是情绪的兴奋剂

有了写实风格带来的可信度，就可以把一些生活里常见的场景带入画面并进行戏剧化处理，加强视觉冲击力，使观众情绪兴奋，热烈讨论。美国一家国际银行把部门之间的合作比作交响乐队。我就用最夸张的线条、经典的颜色和强烈的光线反差来增强视觉冲击力，强调那看不见的旋律（见图5.1）。

图 5.1

戏剧化的图像可以说是调动人们情绪的重武器。

亚伦·萨维奇是一个做事非常认真、分析能力很强的资深咨询顾问，在为一家美国航空公司做咨询的时候，由于信息不全，他很没有信心地带着一张图纸去和客户的管理层开学习图的项目审核会议（见图 5.2）。回来时，他反而兴冲冲的，反复对我说："我真的不清楚为什么他们那么激动，我以前见到他们不是这样的，他们是很严肃很保守的，可是这次我真的不清楚为什么他们看到图后那么激动，而且老总们很快就把缺少的信息都补上去了，还自发地给图画取了个名字，叫'一架穿越时空的航班'（见图 5.3）。"我说："是戏剧化对情绪产生的作用。"亚伦似懂非懂。让艺术的戏剧化冲击管理人员的思想，让他们的情绪兴奋起来，就像喝了几杯浓浓的咖啡，这样他们的思路、他们的沟通就能充满激情，使整个企业随之振奋。

图 5.2

图 5.3

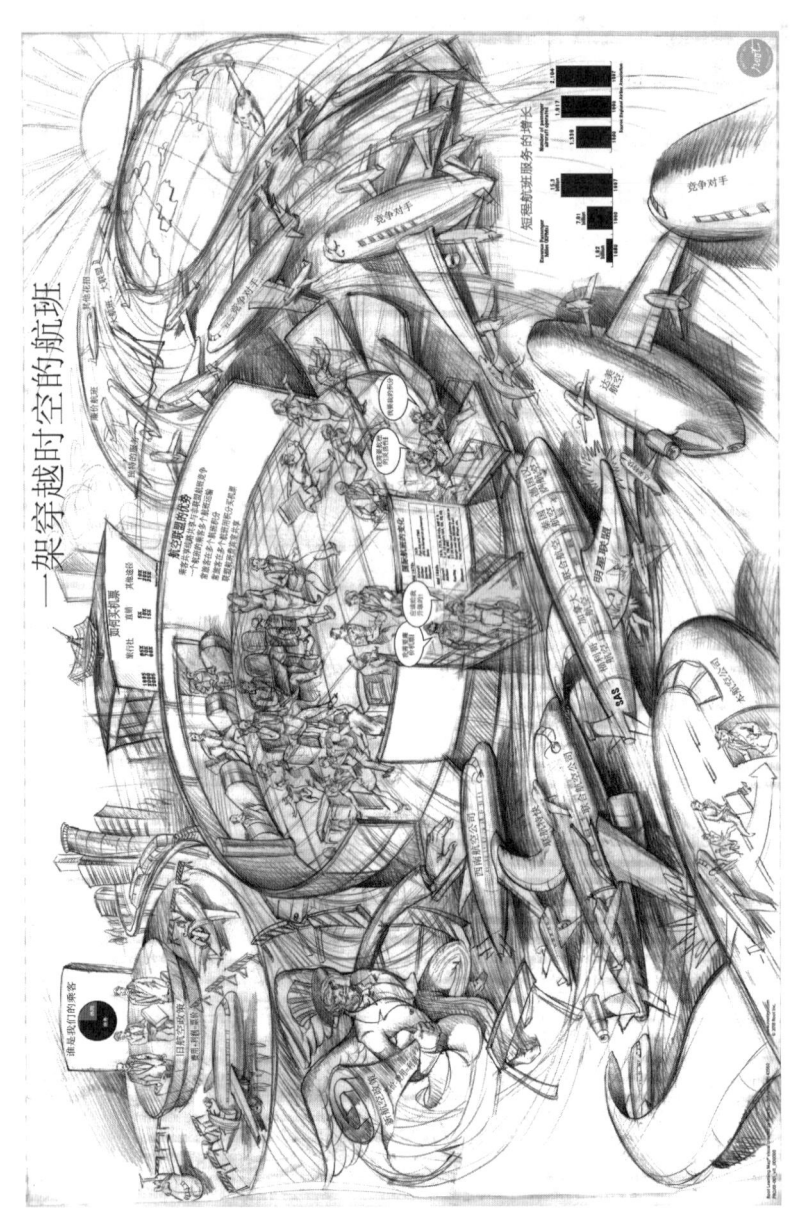

用夸张手法拓展想象力

建筑物能伸出手脚来，人比楼房还高，帆船能飞出水面，赛车有喷气发动机，汉堡包比房子大，啤酒瓶比建筑物大，这些都与我们现实生活中所看到的实际景象有很大的反差，但是夸张的图像语言是有效的沟通工具。

有一次在美国的一家大型水龙头公司做图像化服务，我记得那次我们画的是战略图，大致的讨论内容是如何在金融风暴导致经济衰退后重整旗鼓，制定新战略，抓住市场，从金融风暴的漩涡中走出来。我用了帆船作比，船体代表公司，船帆代表新战略，风云代表市场动态，漩涡代表过去几年的金融风暴。我画好风云，把他们讨论的市场信息组织了一下写在上面，再画了漩涡，把代表该公司的船体画在了漩涡的边缘，然后画好船帆，把他们讨论后总结的几条战略重点列在船帆上。企业员工都是船上的水手，一起驾驭帆船。因为战略是根据市场动态制定的，所以我设计的是船帆乘着风，大家一起合作，共同努力，扬帆破浪，推动企业的船体向企业目标前进。大家看见自己的对话在图纸上逐渐呈现出来，就越谈越兴奋。我后来做展示的时候，很多人频频点头表示赞许。我请大家反馈，可以看出大家对我的图像十分欣赏，所以提意见也是小心翼翼的，不想再做大的改动，其实我当时也很满意，于是我开始总结，准备结束图像部分。这时，子公司的总裁突然发言说："等等，我看了图以后发现我们忽略了一样东西。我觉得我们过于强调外因，我们的企业船体航行出了金融风暴的旋涡，我们的风帆顺应了市场的趋势，但我们没有谈到自身的优势。我们本身有很多强项是可以充分发挥出来，帮助我们加速达到目标的。"这下子打开了一个新话题，大家你一言我一语，一下子就讨论出了另一项内容。我的构图已经成型了，还做了一些渲染，而且当时用的是纸，所以做大的改动几乎是不可能的。高管们似乎也注意到这一点，一下子安静下来。那个总裁有点不好意思地看着我问："维克多，你有什么办法把我们谈的内容加进去吗？有没有什么图像能比喻我们的船体可借助我们的企业优势突破市场环境的局限？"我的同事布拉德有点紧张地看着我。在众人期待的眼光里，我心想："当然了，我可以使猪飞起来。"从布拉德睁大的眼睛里我意识到我无意间把我想的嘟囔出来了。还好客户的回应是一片笑声。我拿了一张新的绘图纸覆盖在旧图上，很快地把原图描了一遍，然后把船体重新设计，在船的底部和尾部加上几个喷射助推器，把船推出水面（见图5.4）。喷射助推器是按照这家企业生产的水龙头的形状画的，每一个喷出的水柱上标有他们企业的优势。看着戏剧性的改动和戏剧化的画面，大家十分激动。大家没有想到我会这样改动，其实我自己也没有想到，只是突然而来的灵感。布拉德说："我以为你在调侃呢，原来你真的能让猪飞起来。"通过这样的比喻和夸张手法的配合，大家捋清了几个市场焦点的关系。这就是夸张手法的价值。

图 5.4

其实夸张手法的运用还有很多,比如用建筑物上伸出强健的手臂表达市场强者,用张口的车吞掉另一辆车表示吞并,用被蚕食的汉堡表现快餐市场的竞争,用燃烧的平台反映如火如荼急需改变的企业现状,等等。夸张的图像可以使管理人员的思想摆脱日常工作中条条框框的束缚,进入一个广阔的想象空间,为合作创新提供最佳的条件。

用比喻承载道理

借助寓言、比喻来进行思考、沟通、了解、讨论,能够帮助我们厘清事物与事物之间的关系。目前有很多视觉化询导师做图像会议记录时通常使用书写板块，然后用实线、虚线、箭头简单表示各板块之间有某种关系，给讨论的人一种关系清楚了的假象，至此讨论就结束了。我在无数次实践中发现，用隐喻的方式表达每组信息之间的关系能够使大家话语中的真正含义得到充分讨论，从而使大家的意见真正统一，也使战略执行行动一致。隐喻的使用要有技巧，不然会误导会议方向。隐喻是工具，内容是目的。人的创意性很容易导致与会人员的注意力分散。所以视觉化询导应该把握讨论的动态，把焦点集中在内容讨论上。

有一次，我为一家多元化高科技和制造企业绘制学习图，当我展示我的草图时，人们开始七嘴八舌地讨论用什么隐喻。我从他们的讨论中得到启发，准备利用其中两个不错的想法绘制两张不同的方案。这时，人力资源副总裁贝基女士对自己的灵感非常自信，极力说服其他人赞成她以树为隐喻的主意，当我问她树的各个功能和我们的讨论内容之间的联系是什么时，她的回答比较牵强。这样就将会议的讨论焦点从内容引到了帮助内容的工具上，讨论开始在原地打转，浪费了一点儿时间。我看了一眼我的搭档布莱德顾问，他耸耸肩，一副无可奈何的样子。我迅速地勾勒了一棵树，并用它组织了一下讨论的信息，然后把草图放在贝基面前，很明显，树的隐喻和大家讲的主题不是很符合。大家讲的内容是执行团队共同协作向战略目标前进的计划，有很强的移动性和方向感。通常情况下，展示不合理的图像会让人意识到观点的错误，但是那天贝基太投入了，还是坚持树的创意。我把脸转向大家说："我给大家讲个笑话。有人说一个企业就像一棵树，一棵爬满了猴子的树。挂在树顶的猴子往下看，满树都是仰望它的笑脸；待在树底端的猴子往上看，满树都是冷屁股。"我讲完时，会议室鸦雀无声。我从布莱德惊恐的表情里知道我可能说错话了。十几秒钟的安静似乎使时间凝固了。终于，贝基女士自己笑了，然后大家都笑了。贝基说："看来树的隐喻是不太合适。"会后，布莱德对我大声抱怨，求我以后不要再开这种玩笑了。可是他回来后却把这个"笑话"传遍了整个公司。

败笔也能启发思路

画素描时艺术家们会用辅助线，辅助线是用来帮助画图者观察物体和物体之间的空间关系的，所以我画草图时会习惯性地画很多辅助线，这些辅助线除了帮助观察物体之间的关系外，还为我提供了很多思路。我经常会在设计思路不清楚的时候看着这些辅助线，它们就会给我很多启发。久而久之，我就养成了和我的图画对话的习惯。

有一次，在为一家核电公司绘图时，由于时间紧迫，画图的过程中留下很多辅助线，展示时我自己都觉得很尴尬。但是却有人对辅助线中一个人在搬东西的影像发表了看法，说这个人所在的位置、对团队的作用是很重要的，接着他说了一些经营运作方面的理由和想法，还说我那样的设计很巧妙。看到大家频频点头，虽然那原本只是一些废弃的虚线，我也欣然接受了他们的赞扬。不管有意无意，虚线实线，只要把无形的思想调动起来，就是有价值的线（见图 5.5）。抽象艺术中的偶然效果常常会带给观众带来无限的联想，但是同一幅画会给不同的人以不同的感觉，个人经历不同，想法就会不一样，而在商业管理过程中，这种不同经历和想法的分享能够帮助不同部门、不同区域的员工相互学习、增进理解、加强合作。

图 5.5

图像化协调

水平的图像化协调就是在同一个级别的管理层之间通过图像化进行协调，就各种商业计划达成共识。如果说从图像到文字有很多信息内涵流失了，那么在商业会议中，每一位高管用语言表达的观点的内涵也肯定有所流失。

以书写为主的图像辅导只能记载文字的表面含义，只有用图像程序直接捕捉对话深层的含义才能充分表达发言人的意思。有人也许会说，流失的那一部分不重要，但试想一下，如果只是根据语言描述的形象去大街上找人，根据同样的描述，我们可以找出几十个人来。同样，根据同样的战略文字描述，我们或许会做出完全不同的商业操作。比如提高运营效率，降低成本，有的人想到裁员，有的人会想精简供应链，有的人会想搞技术革新，执行下去就会产生很多问题和矛盾。

正如第 1 章的"举棋不定的代价"中那家医疗机构的例子，我当时做了两套设计方案，由于是基于个别领导的想法做的，所以放到会议桌上不到 20 分钟就被否决了。我只好拿出白纸重新绘制，在经过两三个小时的激烈辩论和反复改动后，大家终于都满意地肯定了学习图的方案。我当时听取了三种不同的意见：负责人的成长、人心的统一、高效的商业程序。这三种想法虽然内容不同，细节上有些冲突，但是在图像上是可以并存的。借着速写基本功，综合这三方面的建议，我快速画出了新的设计方案（见图 5.6、图 5.7）。可以说，这张图将讨论内容和图形隐喻对应得天衣无缝，而且让大家开始对细节冲突进行协商。

我当时只注意到我挽救了一个学习图的设计方案，其实其真正的价值在于把对话的含义视觉化、清晰化、完善化，利用图像把各种不同的意见融合在一起，使大家的讨论专注在事情的兼容方面，而不是对立的方面，最后使同一层级的管理人员达成共识。

图 5.6

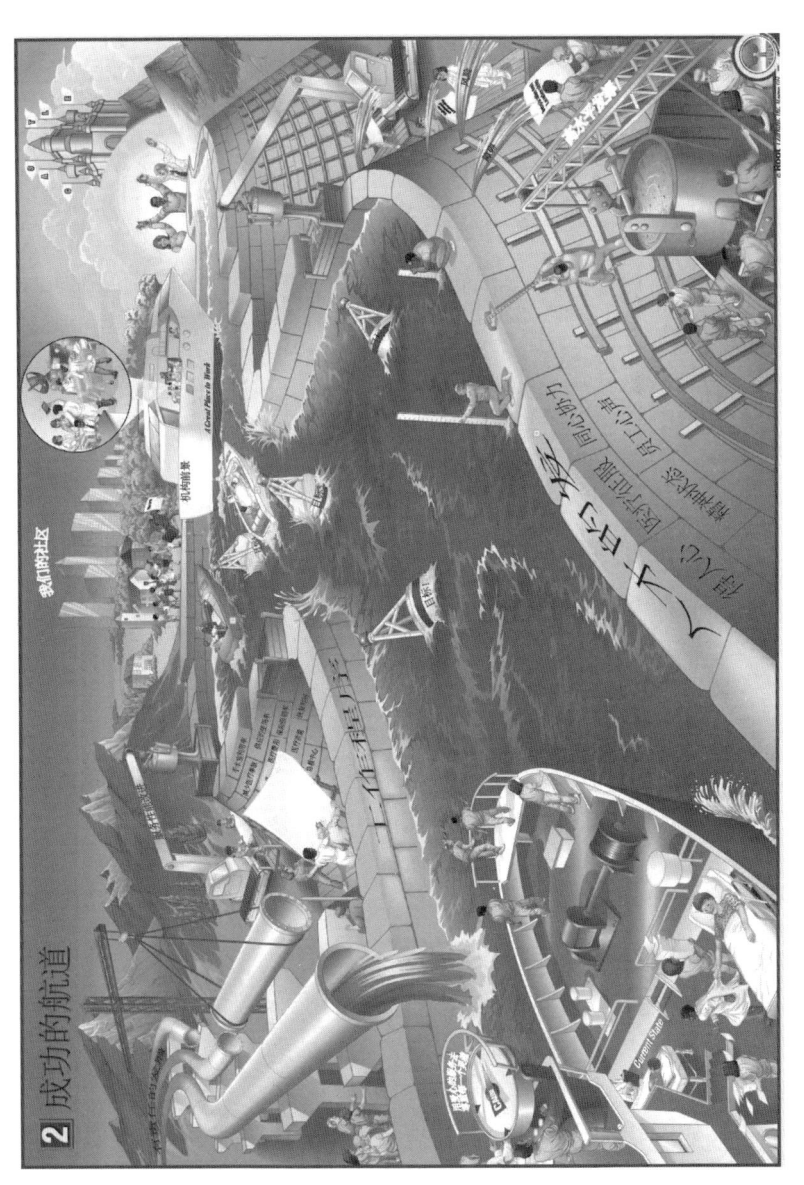

Chapter 5　图像化思维　　125

图 5.7

垂直的图像化协调就是把一个管理层讨论出来的图像草稿带到另一个管理层，收集建议并进行修改。特别是规模较大的集团公司，必然面临全球化管理和地方化管理的平衡问题。决策层的决定下达到基层，有时会失去灵活性，如果放手让基层员工自己做决定，又可能导致各自为政，降低整体质量标准，损失规模经济优势。所以不管是自上而下还是自下而上的管理模式，都有一定的缺陷。

有一家全球知名的制药公司，决策层会议讨论出来的整体战略草图拿到亚洲市场、美洲市场、澳洲市场时，均没有得到地区市场管理团队的认可，他们认为战略计划没有考虑地区政府政策的不同、地方消费者的文化差异导致的需求变化、地方竞争对手的成本优势等。我们在各个现场对草图进行修改，然后把带着反馈意见的图纸交回到决策层面前。决策层看了所有地区的修改意见，从中找到共性，并调整整体战略。如果地区市场的情况过于特殊，决策层会允许地区分公司绘制自己的战略图。用图像作为媒介，在不同的层级间讨论修改同一图像信息，使战略计划得以调整完善，这就是纵向图像化协调。

图文并茂地表达

图像记录的展示就是口头翻译你的绘画语言，不光是介绍画面，还要介绍想法。从人类在岩洞里画野牛的那一刻起，图像就成了故事的载体。千万年来，从岩洞壁画到画布上的经典油画，从古老教堂的壁画到儿童图书里的插图，图像都是故事的载体。我强调图像是载体，是因为它不是故事的全部，图像和文字结合起来才能生动地把故事表达出来，所以展示视觉化故事时要用语言表达。很多视觉化询导师对用语言展示图像不够重视，画的功夫虽强，讲的功夫却弱。我开始做这一行的时候也是如此，觉得画得很清楚了，还讲什么。但是询导师应该有用户观念。既然很多图像语言是刚刚创造的，那么就有必要向大家解释你的创作思路。因为这个讲创作思路的过程就是帮助商业管理人员从左脑思维转到右脑思维的过程，是一个让他们拓展想象力的过程，也是一个带领他们打破常规的过程。

　　我头一次上台的经历还历历在目。记得那次是给美国知名的生物制药公司进行现场战略思路图像化。来自世界各地的70多位高管集中在新泽西约翰逊河边的凯悦酒店开会。河对岸的曼哈顿一览无余，只可惜我一整天都在会议室里绘图，无暇欣赏。一天的会议快结束的时候，我画完了6张概念图，反映他们讨论的6个市场战略重点。在最后一个会议休会的时候，我把图贴在泡沫塑料板上，用6个三脚架架起来，一字排开放在台上，然后用6台射灯照着，十分壮观。我如释重负，准备去外边平台上欣赏河对面曼哈顿的风景。刚走到门口，我的同事芭芭拉从后面追上来叫住我说："客户的市场副总裁对图非常满意，要求画家在会议继续时亲自上台做展示。"我目瞪口呆地看着她说："你开什么玩笑？我从来没有在大会上讲话的经验，而且我的英文有口音，这台下个个都是重量级的人物，万一说错话怎么办？"

芭芭拉说:"我当然知道啦,可那是副总的要求,我怎么敢说不啊?怎么办?"

看着她不知所措的样子。我想了想,点点头,做了个鬼脸,开玩笑说:"这样吧,你去酒店的酒吧里给我买两杯纯威士忌?"

她转身就跑了。我苦笑一下,站在原地做深呼吸,准备赶鸭子上架。不一会儿,芭芭拉真的回来了,一手一小杯晶莹透亮的威士忌。我从她手里接过酒来,心想:"你被吓傻了吧,我在开玩笑你都没看出来?"陆续回到会议厅的人越来越多,我的恐惧感也越来越强烈。我忍不住把两杯烈酒一饮而尽。由于是空腹喝酒,我一下子就有点轻飘飘的感觉,害怕的感觉也跟着烟消云散,只是上台的时候有点像踩着棉花。说实话,我真的不记得我在台上说了些什么。我唯一记得的就是我讲完的时候,台下七十几位高管全部站起来鼓掌。会后好多人特地找到我握手,感谢我给了他们一些新的想法。幸好主会后是酒会,他们闻不到我身上的酒味儿。

从那以后的一段时间,每次在这种大会上需要我上台时,都会有随行的顾问主动帮我找两杯酒壮胆。终于有一天,我在上台前告诉同事,不用买酒了,我已经坦然了,因为我已充分认识到语言在图像化中的重要性。有一些视觉化询导师在他们的文章或讲话里强调视觉化的重要性远远胜过语言。虽然我不认可图像记录的主体语言是文字,但是我觉得语言和图像同等重要。图文互补、图文并茂是我要强调的重点。

图像是故事的载体,语言是故事的内容。图像要承载的是语言的信息，语言有"听"也有"说"，就像翻译一样是双向的。画是把抽象的文字语言翻译成具象的图像语言。展示解说是通过对图像的描述和定位来讨论其表达的含义，把所画的图像与商业管理人员听得懂的信息联系起来，让他们能够通过图像进行想象和探讨。以帆船竞赛的隐喻为例：我们可以指着风云变幻的天空概括他们有关市场的讨论，指着船体概括他们有关企业运作的谈话，指着船帆概括他们有关经营战略的对话，指着地平线上的海岛复述它们的公司愿景，像讲故事一样把他们所有的讨论概括起来。有效的图像语言会向观众介绍各个信息群之间的关系，然后促使观众讨论。对绘图思路的解说和分析是很有价值的。以图像为载体的信息表达可加速大家对一个复杂信息的理解，以文字加大信息量能够使我们对一个话题的领悟既有深度又有广度。

左右脑的完美合作

图像是右脑和左脑对话的载体，能够让企业管理人员拓展思路，促进革新。左脑思维和右脑思维是诺贝尔生理学或医学奖得主、心理学家罗杰·斯佩里提出的（见图5.8）。他认为左脑思维偏重逻辑判断、序列思考、线性思考、计算、事实、文字思考，右脑思维偏重想象力、整体思考、直觉、艺术、韵律、非语言线索、情感视觉化、白日梦。

现在，中国的教育偏重于对左脑思维的培养，忽略了对右脑思维的训练，原因在于不知道如何利用右脑的优势来辅助左脑的

图 5.8 所示大脑示意图：

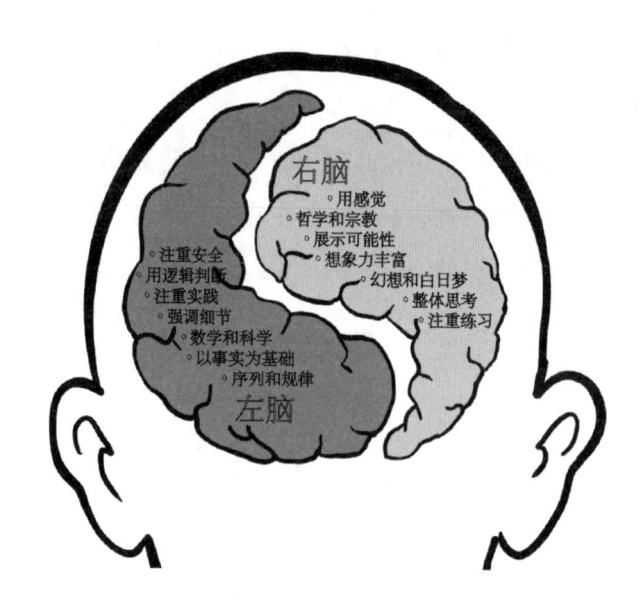

右脑
- 用感觉
- 哲学和宗教
- 展示可能性
- 想象力丰富
- 幻想和白日梦
- 整体思考
- 注重练习

左脑
- 注重安全
- 用逻辑判断
- 注重实践
- 强调细节
- 数学和科学
- 以事实为基础
- 序列和规律

图 5.8

思考,同时也不知道如何利用左脑的优势来辅助右脑的感知。

左脑是和逻辑意识紧密联系的,而右脑是和潜意识的原始能量紧密联系的。其实每一个人每时每刻都会同时使用左右脑,只是有的人偏重于左脑思维,有的人偏重于右脑思维,有的人是平衡的。左脑和右脑的活动方式是对立、矛盾又互补的。比如说左脑的逻辑判断和右脑的想象力对立,左脑的序列思考和右脑的整体思考对立,左脑的事实和右脑的直觉对立,左脑的文字思考和右脑的非语言线索对立。表现出来的现象就是,当右脑的想象力提出一个创意时,左脑的逻辑判断就开始工作,因为想象力是跳跃的而不是线性的,所以左脑的逻辑就开始否定,在冰冷的事实面前,右脑就放弃了一个很可能超前创新的机会。反之,当某人左脑的计算发现一个事实的重要细节,但是不符合整体的感觉和韵律时,因为主观感觉对个人来说是真实的,所以很容易被右脑忽略,在强烈主观情绪的左右下,左脑可能放弃一些重要的细节价值。

在管理人员中,偏重于左脑思维的多一些,如果没有一个有效的手段让右脑思维人士的创意得到左脑思维人士的支持,那么一个企业的创新力就会大打折扣。左脑和右脑之间缺乏过渡,而图像化就是一个能够担当这个过渡的工具。俗话说眼见为实,利用右脑的想象力把一个创意画出来时,左脑就会开始根据画面表现的事实进行逻辑判断。因为图像信息质量高、含义丰富,逻辑判断就可以实事求是地只否定那些不合逻辑的信息,同时肯定图像中那些符合逻辑的信息,而不是全盘否定。这样,左脑就有机会在被肯定的图像信息基础上进行改进,而不是从零开始重新建造。图像化能够使左脑和右脑完美合作,也能够使偏重左脑思维和偏重右脑思维的人完美合作,使我们每一个人都能更聪明一点。

Chapter 6
图像化方法

第 4 章我们讲了怎么用图像法则写字，第 5 章我们又讲了怎么用图像法则进行思考和表达。那么，没有绘画基础的人究竟能不能画画呢？有没有什么秘诀让我们一学就会呢？学会了又怎么用呢？

老太太给我的启发

美国人才发展协会（ATD）每年举办一届ATD世界博览会，根源咨询公司每年都会有一个展台。有一次博览会是在圣迭戈展览馆举行的，我应公司市场部的邀请在展台边架上画架给参观者做图像化示范。参观者把他们公司的一些人才发展方面的难题讲给我听，我现场把他们讲的内容图像化。大部分参观者都是来自大中型企业的高管。第一天，也许是出于对艺术的好奇吧，我刚开始画没多久，人们就在我面前排起队来，我忽然体会到了街头卖艺感觉。队伍越来越长，于是我加快速度"打发"走了一些求画者。这时，一位老太太走上来说："我在一边看了很久了，觉得你这个图像化非常有效，简直是太神奇了，能不能教教我？这样我可以回公司去用。"

那时，市场上做图像化的人凤毛麟角，我很诧异有人会这么不自量力，问这种幼稚的问题，于是问她："您学过绘画吗？"

她说："从来没有。"

我说："那您自己业余画过画吗？"

她说："从来没有过。"

我看看后面排队的人，说："那我没有办法教，您得先去艺术学校学绘画基本功，有了基础我再教您。"

没想到她居然生气了："那你们来这里展览干什么？这是博览会，新方法拿出来展览就是让人学的，不是吗？"

我愣住了，不知道怎么回答，可是老太太还不依不饶，我的同事过来解围，把老太太请到一边喝咖啡，好让我继续帮后面的人画。

老太太失望地走了。没想到第二天，又有几个人也有类似的要求，其中还有一位中国女士，但他们也都失望地走了。

从那以后我就一直在想，如何能让没有绘画基础的人自己也能把图像化作为交流和思考的工具。

基本图像元素

为了方便更多的人使用图像化这个工具，我设计了一些符号式的图像语言，只要学过几何的人都能很快上手画，而且画起来方便迅速。其实，我的这套图像语言是根据汉字的起源和发展做的反向的功能还原（见图6.1）。

从文字回到图像，还原的是信息质量，质量检验标准是不管观者来自哪个国家，使用哪种语言，有着哪种文化背景，都看得懂。同时，我设计了点、线、三角形、矩形、圆形5个基本图像

图 6.1

元素,把图像简化到人人都能上手(见图 6.2)。圆圈随意一点,不用追求完美。曲线轻松一点,它本来就无定型。这些元素本身就具备信息承载能力,比如圆圈,也可以说是太阳。线条有粗细,细线可以描绘细节以增加信息量,粗线能够增加质量,增加视觉冲击力,使观众很远就能看见(见图 6.3)。

点　　　　各种线条　　　三角形

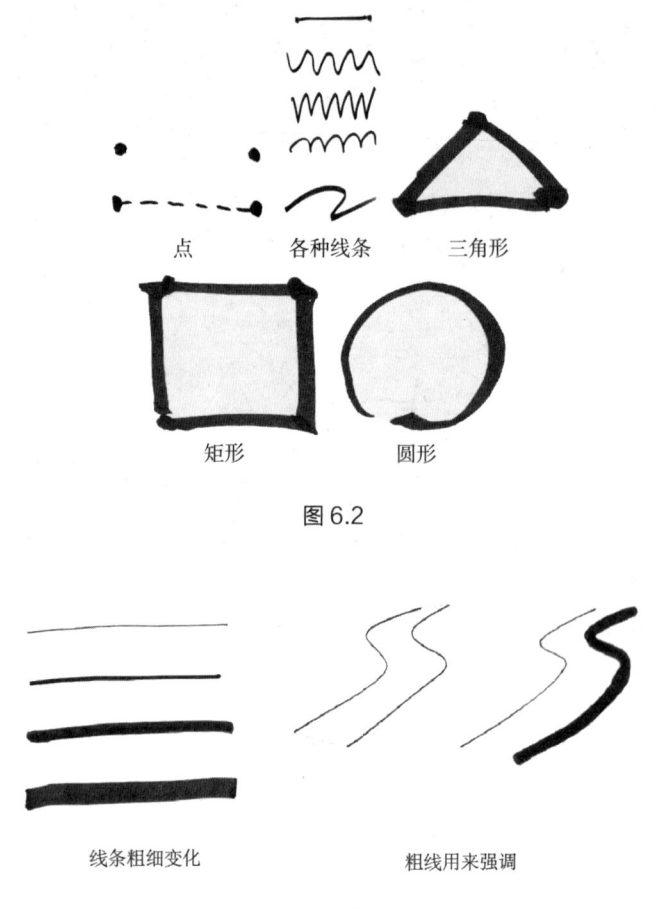

矩形　　　　圆形

图 6.2

线条粗细变化　　　　粗线用来强调

图 6.3

然后，我们可以用基本图像元素组合成图像语言。比如，长方形加上三角形就成了箭头，是最常用的图像语言，因为它能够表达信息和信息之间的关系。又比如，几个长方形排列组合加上两个圆圈就成了大家都认得出来的车的代表符号（见图6.4）。

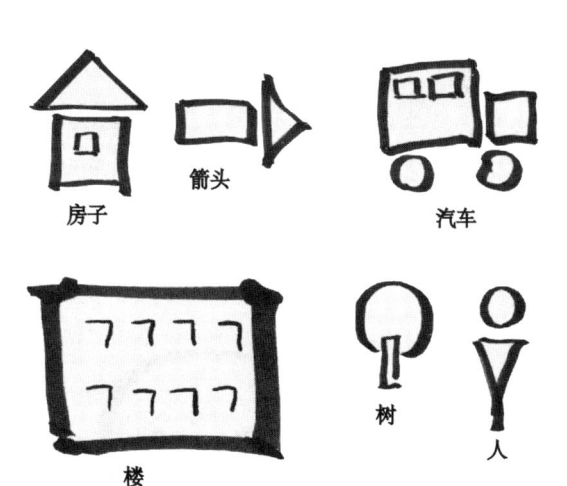

图6.4

曲线是一个很灵活的图像元素，它能用来描绘有动感的事物，如水、云、爆炸，也能用于绕开障碍的连接，是最有活力的图像元素（见图6.5）。

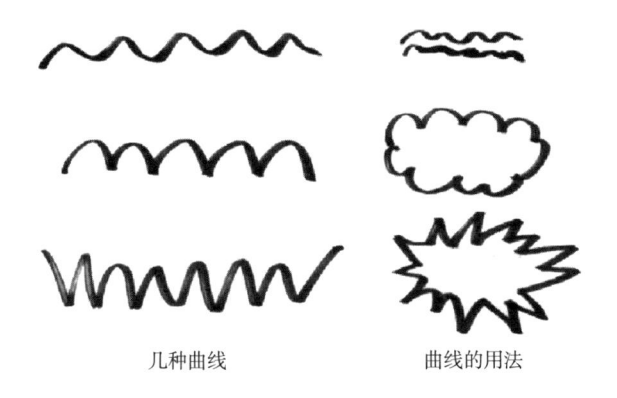

几种曲线　　　　曲线的用法

图6.5

人是比较难画的对象，对于没有绘画基础的人来说简化非常重要，根据人在图像中的功能我们可以分三种画法。

一、简易表达：简易表达和功能性表达都可以由图像元素中的圆形、三角形、长方形和线条组成，所以使用起来十分方便（见图 6.6）。

图 6.6

二、功能性表达：当画面的某个部分需要有人或者需要一些表情时，简易表达快捷有效，但是很多时候我们需要表达人在做一件什么事情，功能性的表达方式会十分有效，因为用线条表达的手臂和腿脚很容易调整姿势和动作（见图 6.7）。

图 6.7

三、风格个性的表达：如果觉得前面两种画法过于简单，你可以自己发挥，创造一些适合自己风格的装饰性画法（见图6.8）。

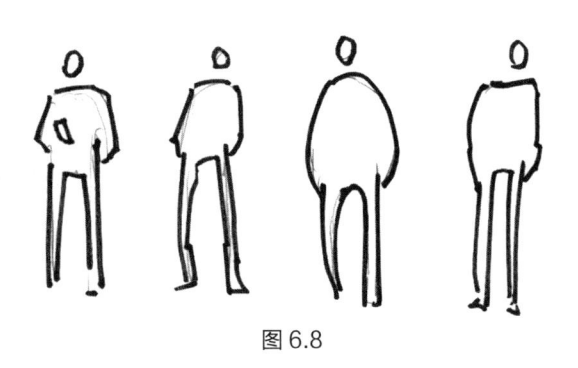

图 6.8

有了这几个基本元素，就可以用这些图像语言组织一些大的画面（见图 6.9）。

图 6.9

有时，色彩的应用很重要，能够让画面更精彩，增加图像的感染力。但这给许多人造成了一个认识误区，认为色彩是为了让图像好看一些。我要强调的是，我们不是在进行艺术创作，我们是在把图像作为促进交流的工具，所以色彩是用来强调或者减弱信息的视觉强度，并加快画图速度的（见图6.10）。

图6.10

我根据我设计的图像元素绘制了商业绘画语言词典，供大家参考使用（见图6.11）。

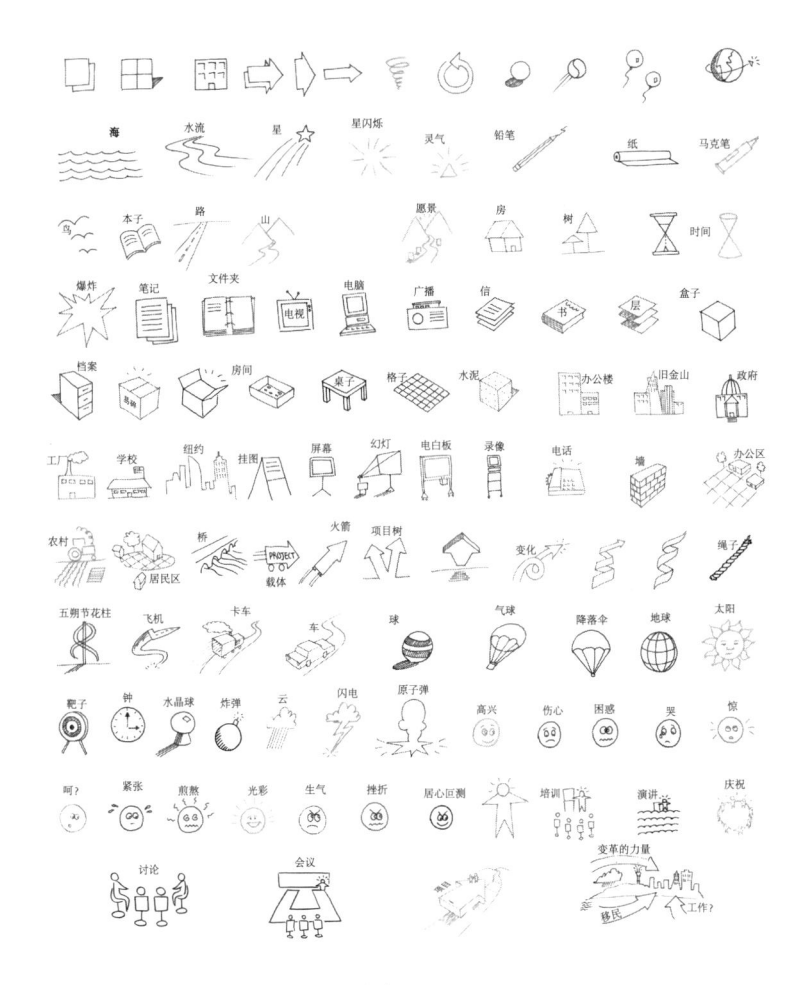

图 6.11

用虚拟空间增加信息量

我们在第三章讲了文字传递信息的速度大于图像,但画图时，可以利用虚拟的空间增加信息量。

形象的立体化能够使图像产生空间感，更重要的是能够突出一些重要的信息。比如我们可以用图像元素把正方形变成立方体（见图6.12）。以此类推，可以做一些简单的形体的立体化。三维空间的运用能够使有限的画面表现无限的空间。图像辅导员在做会议记录时需要在画面上左右延伸，纸面越大越好，很多时候会议室的空间有限，但对会用三维图像的人来说这根本不是问题，因为他们可以在虚拟的三维空间里有层次地组织信息（见图6.13）。特别是学习图，是要放在桌子上供一组人讨论的，一张图的长度有限，图像会议记录的内容缩短到学习图的长度时，就必须用绘画技巧中的三维透视来解决这个问题。美术中的透视学有一个原则是，在一个三维空间里，近大远小。在商业图像化的运用中，可以把重点放在近处，这样就可以将其放大并加入很多细节；次要的信息放在远处，并将其缩小。这样虚拟的三维空间构图能够帮助我们大大缩短二维平面长度，因为同样的信息放入虚拟的三维空间后占的篇幅就缩小了（见图6.14）。

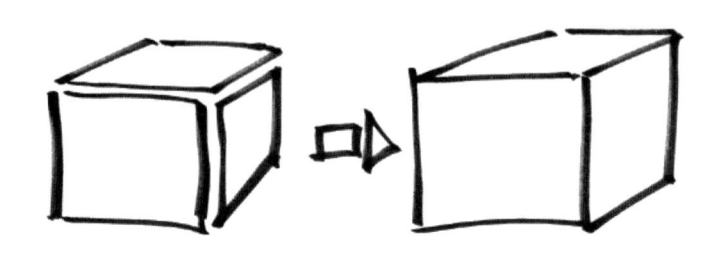

图6.12

图 6.13

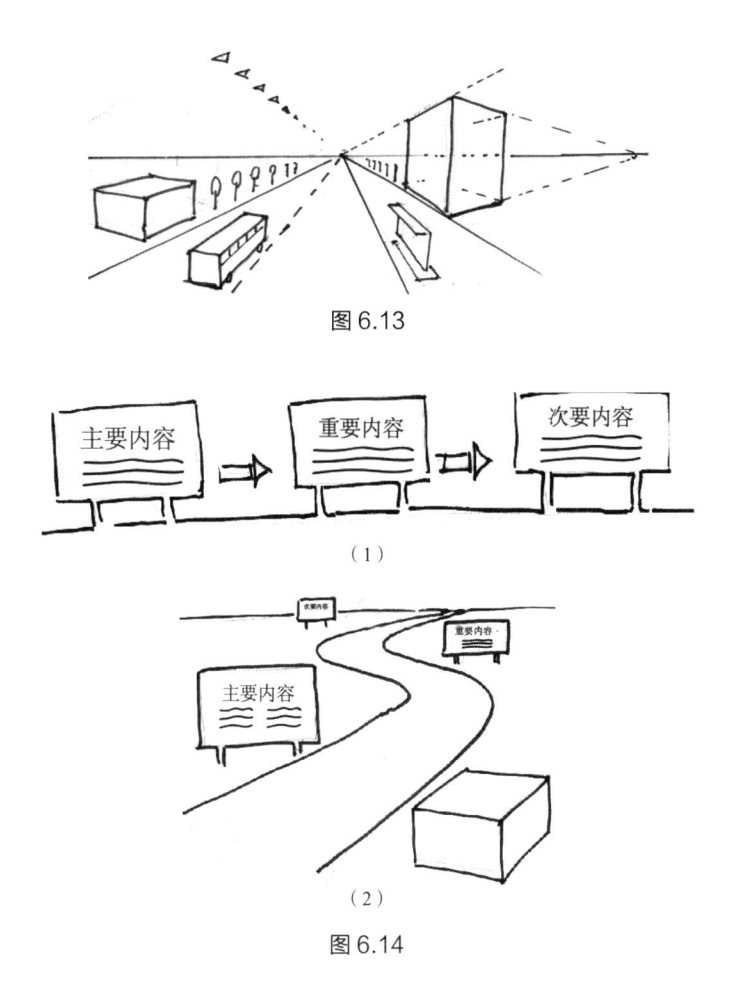

(1)

(2)

图 6.14

西方画通常用的是焦点透视,就像照相一样,一幅图一个立足点。但是对于没有经验的人来说,一味追求三维透视的准确性可能是一种束缚,因为费很大劲儿也不一定画得准,而且会降低记录和绘画的速度。所以在没有足够的经验之前,我不鼓励大家使用三维透视。如果你对透视很熟悉,你就可以一边画一边把你的注意力放在内容的分析处理上。

在把三维空间构图运用于图像记录时，我们一方面需要层次感来加大信息容量，另一方面需要抛开透视学的束缚。所以，散点透视在图像化中被广泛应用。散点透视是中国画的发明（时间在南北朝前后），就是绘画时把在不同观察点看到的形象用同一画面表现出来，它可以有多个立足点，也就是多个焦点，不受视域、空间的限制（见图 6.15）。散点透视用艺术的夸张手法打破了西方透视的常规，给予每一个被描绘对象一个自己的透视空间，这样就可以根据故事的需要放大或者缩小信息，不再被写实的三维空间所局限。散点透视比焦点透视表现的信息量大且灵活，能够适应对话的速度。

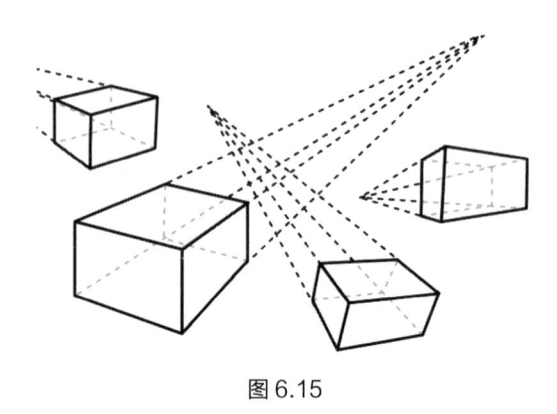

图 6.15

几种构图的方法

用图像化的方法帮助我们思考问题有很多方式，你可以做各种尝试。

如果你要明确自己的理想，可以试一试以下步骤。首先是"思考"，想一想你将来踌躇满志时的状态，你在做一件什么有意义的事情，在一个什么环境里，是什么心情，等等。"写"和第 4 章里讲的写法异曲同工，不同的是，这里是把二维书写作为一个分析思考的工具（见图 6.16）。"分析"就是标出重点，用前面讲的平面构图的方法写在没有格子的空白打印纸上，把对你来说最重要的一项写在中心圈起来，要写大一点。然后围绕的这个重点写三到四点次重要的项目，越往外越次要，尽量不要超过四层信息。"画"就是试着用前面的平面构图和图像语言进行表达，图像的表达可以随意，没有什么标准。之后进行反复修改，直到自己感觉满意为止，然后把文字标在图像上。如果怎么画都不满意，那就用下面这个格式：最重要的图像在中间且最大，越往外越小。可以用实线和虚线把有关系的内容连接起来，在线上标注是什么关系（见图 6.17）。"标注"则是把文字清楚地标在图像上。"渲染"是用彩色笔为你的梦想锦上添花，加强记忆和对潜意识的影响。

图 6.16

图 6.17

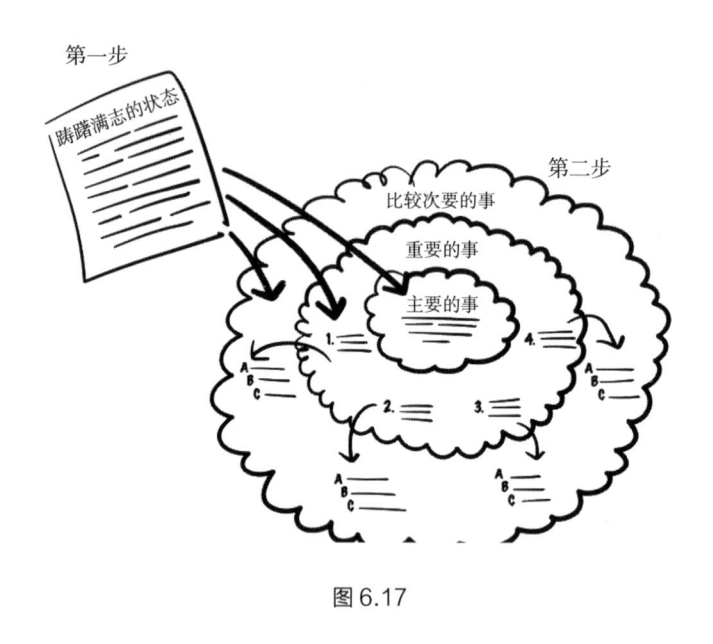

如果你要制订一个计划去实现目标，在图像化过程中可以运用一些格式，我建议用流动性构图（见第 4 章）。取一张空白打印纸，思考，把目标图简化一下。写，把这些对将来的描述写或者画在打印纸的右端或者右上端，尽量控制在六分之一面积范围以内，然后在左端写出目前的状况。分析，比较一下目前的状况和将来理想的状况有什么差距，在中间列出自己需要做什么事情才能缩短这个差距，需要多少年达到目标，比如说 5 年（见图 6.18）。画，用图像元素里的曲线画一条路把左边和右边连起来，在路边可以用三角形画一些你估计会遇到的障碍，标明障碍物的名称，在纸的底部画一条线，将线分成 5 格，代表 5 年，就成了时间线。观察，列出自己每一年需要做什么事情，必须分完。标

注，把每件事标在下面对应的格子里。渲染，用彩色笔为你的计划图锦上添花。当然，你也可以用不同的格式和时间表（见图6.19）。请注意，这里我们已经开始从平面书写步入绘画的领域。

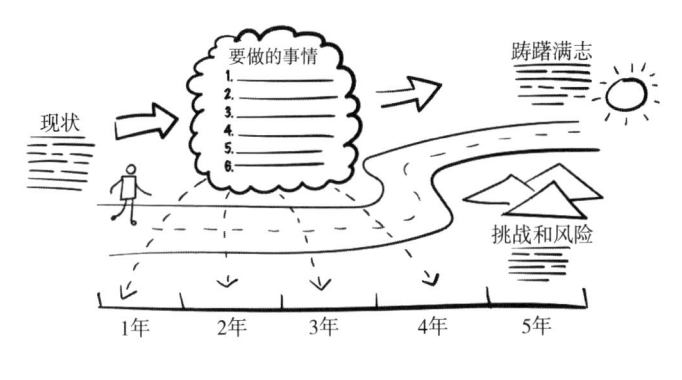

图 6.18

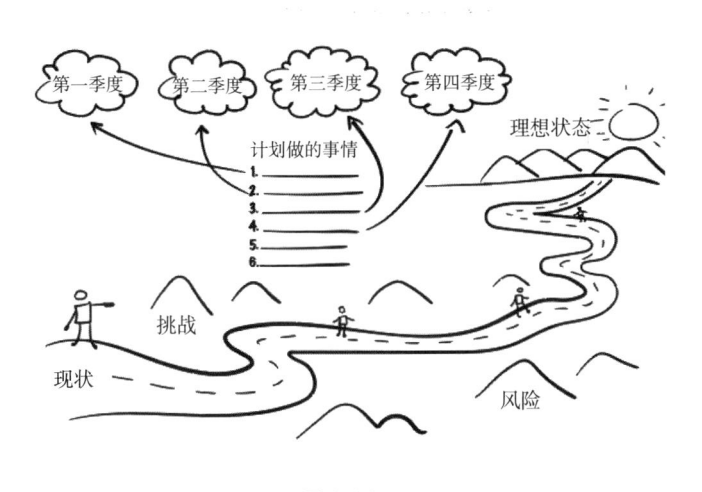

图 6.19

工作中，你也许不清楚哪些事该先做，哪些事该后做，图像坐标分析法可帮助你。我们在初中都学过平面直角坐标系。大家可以先在白纸上画个方形覆盖大部分纸面，再用直线简单随意画上直角坐标，把方形分成均匀的四部分。坐标的横轴代表作用的大小，左小右大；纵轴代表实施的难度，上大下小。然后把自己需要做的事情写到对应的位置（见图6.20）。这样你就可以发现哪些事情是容易做而且对实现目标作用大的，将这些事情标在时间线上的第一、第二年做，作用大、有难度的放在第二、第三年做，作用小、难度小的放在第三、第四年做，作用小、难度大的事儿就别做了。第五年是为完善计划准备的。特别是这样的长期计划，肯定会有意外需要弥补，所以要留出时间。

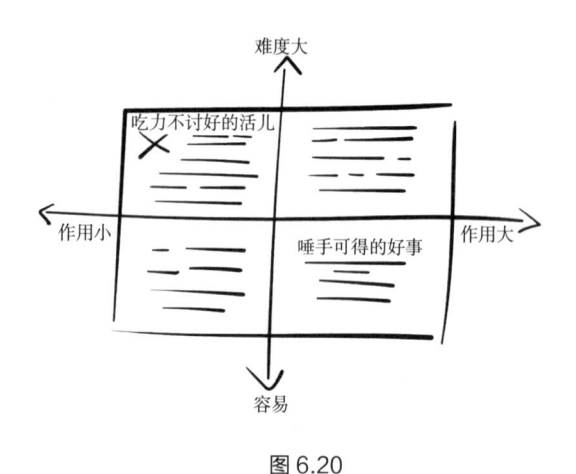

图6.20

你也许会说，有的事情是在另一些事情的基础上做的，因此做事情必须有先后顺序。这样的话，你可以用一个简单的流程图组织排列一下，观察确定后，再誊写在时间线上。流程图本身就是一个很好的图像化思考工具。我们可以画出任何一件要做的事情的程序，然后进行观察思考，这样可以帮助我们把各个环节捋清楚（见图 6.21）。流程图也可以把所有环节可能会出错的地方展现出来，供大家分析讨论（见图 6.22）。

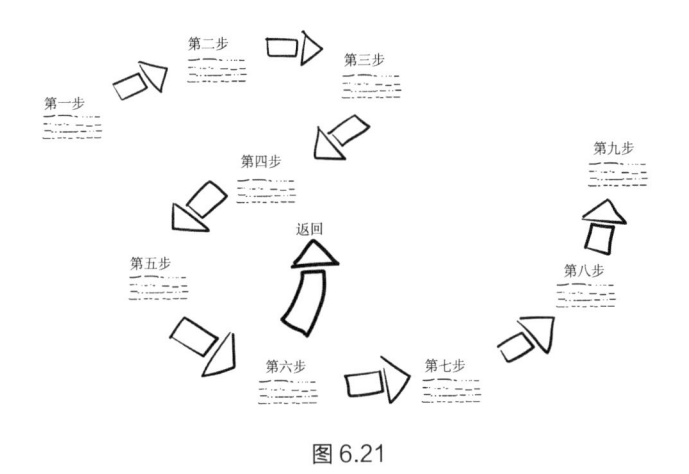

图 6.21

图 6.22

通过对以上一些方法的介绍和练习，我相信没有绘画基础的读者对图像化这个工具应该也有了一点儿概念，最起码对拿起笔来画不再有恐惧感。那么我们怎样用画图这个方法来和他人合作呢？

图像化的工具

工欲善其事，必先利其器，要画好一幅图像记录或者组织好一场图像询导，工具的预备很重要。我把工具分成两类。

一类是图像记录工具。用大型印刷纸卷，宽头马克笔（颜色要有黑色、暖色、冷色）和彩色笔比较合适。印刷纸高1.2米左右，长度可达数米，这样可以有大量的空间来组织信息。宽头马克笔写字绘画可粗（用笔侧部）可细（用笔尖部），用粗线写和画能够让坐在远处的观众看清楚，细线能够增加信息的数量，使图像的细节更完善。彩色笔用来大面积上色，以衬托或者强调重要信息。

另一类是视觉化询导工具。尽量用大白板、可以擦的马克笔（颜色要有黑色、暖色、冷色）、白板擦子，还有相机，这样可以方便改动。因为图像的变动是视觉化询导的关键工作。如果没有白板，用纸也可以，但需要预备涂改液，或者用纸和透明胶剪贴。用笔的粗细同上。只是白板有反光，清晰度会受到挑战，不过对于视觉化询导来说，清晰度不是最重要的，可更改性才是最重要的。

我在以上两章讲的方法是给大家一个借鉴，不需要百分之百照搬。不管是进行画画还是谈话，不管你是业余还是专业，都需要不断实践，在实践中摸索出一套适合自己的方法。大家可以随时带一本速写本、一支笔在身边，在各种会议谈话中，甚至看电视新闻时运用书中所讲的一些原理来记录。大家在谈话时可以多用隐喻类的图像语言。这样，久而久之你就会学会图像化的本领。你一定会发现自己的左脑和右脑合作时，共同发挥的作用不是 1+1=2 而是 1+1 > 2。

图像化可以成为多人讨论和共同思考的工具，管理人员可用图像化合作来帮助员工整理思路、树立目标。有一天，我的一个下属来找我说，他对工作现状很不满意，然后抱怨了一大堆，工作没有新鲜感、成绩不被其他部门认可、客户对他要求过分、公司元老瞧不起他等。我听了半天，发现都是陈词滥调，和前几次谈话没有什么不同，我拿起马克笔走到挂图前。

我问他："你最理想的工作是什么样子的？"

他说："我能够享受设计和绘画，我能够有比较高的收入，我的成绩能够被领导们认可，我能够有领导别人的机会，等等。"

他一边讲我一边在挂图的右边一条一条地写下来，结束时在下方画了个开心的表情。

我又问他："你现在的工作是什么样子的？"

他说："我绘画和设计的机会很多；我觉得我的收入还可以再高点儿，但是现在也基本满意；我的成绩虽然被我的直属上级承认，但是不被其他管理者承认；等等。"

他一边讲我一边在挂图的左边一条一条地写下来，结束时在下方画了个苦恼的表情。然后我让他比较一下两边的图有什么差距，两边都有的就打钩。

他突然感到不好意思了，因为在比较中他突然发现，自己现在做的事情和他理想中做的事情是基本一致的，他觉得自己在无病呻吟。他说："好了好了，不谈了，今天的谈话记录请别让其他人看到。"

我说："没问题。"

他还不放心，就走上来要撕了挂图，我说："等等，我们还没有谈完呢。你仔细看看有什么差距？还有什么没有打钩？"

我们发现，除了他的直属上级——我认可他以外，还有很多其他部门的人不认可他，而且他做艺术指导的愿望也没有实现，等等。所以，两边还是有点差距的，于是我从左到右画了个箭头把两边连起来。

我再次问他："需要做什么才能缩短差距？"

他自己拿过笔开始写，而且画起来。我们继续讨论，很快，一张计划图出来了。这时我就对他说："你现在可以撕下来带走了。"

这个例子说明，通过图像化的方式，我们不仅可以看到自己在想什么，还可以让对方看到自己的想法。很多时候，知道自己在想什么和看到自己在想什么是会导致不同结果的。下一章我们会进一步谈到图像化合作，就是把一群人的话用图像表达出来供大家参考、修改和完善。

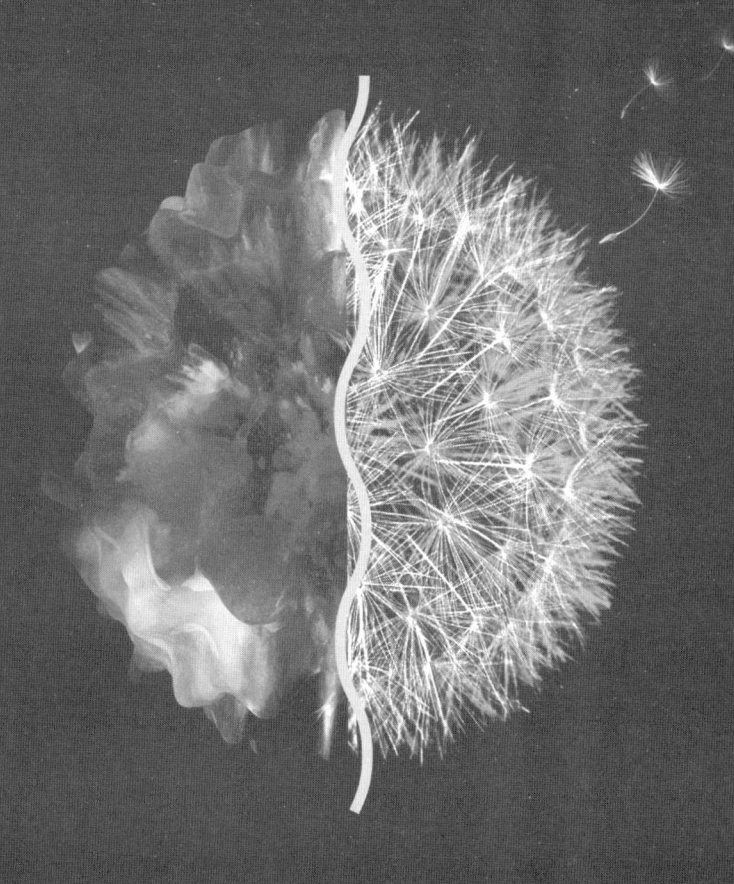

Chapter 7
图像化合作

现代企业中的大多数决定和计划是在合作和沟通中产生的。前面几章我们讲了图像绘制的基本方法和简单应用，那么如何用图像化进行商业合作呢？如何利用图像化拓展思路，推陈出新呢？如何用图像化创造共同思维模式呢？如何利用图像化在展开思路和归拢思想之间运作自如呢？什么样的会议组合是最理想的视觉化组合？如何用最好的组合达到最佳效果呢？

三个角色

其实所有前面介绍的图像化方法都可以在多人（2～30人）环境下进行，而且人多时作用更大。但是在人多的情况下，会出现另一个问题，就是容易乱，所以我们就需要几个不同的角色，分别做不同的事。

第一个角色是内容专家，他根据自己的经验畅所欲言，借助图像集中讨论内容。内容清晰了才能确定图像设计的方案。就像设计房子，先要确定房子的功能是什么，是用来做仓库，还是用来居住？是用来作办公室，还是用来作商场？如果这些内容都没确定，就去讨论什么样的设计好看，就会浪费所有人的时间。有很多人在图像面前受到启发，有了灵感就很喜欢花大量的时间去讨论用什么隐喻、什么形象、什么绘画风格。其实我非常支持大家利用图像化的机会展示一下自己的创造力，抒发一下自己的艺术情怀。但是前提是大家必须先搞清自己需要图像化的内容。

第二个角色是会议主持，他首先要确定大的主题、会议的目标、讨论的几个重点，还要把握讨论的方向、节奏，帮助视觉化询导师在每一次改动后照相留记录。这个角色可以是咨询师，也可以是从内容专家中选出来的有组织能力的人。他可以用听、记（可以做平面引导或者记录）、便利贴、分析、问、答、总结等技巧组织大家参与讨论。

第三个角色是视觉化询导师。在客户同意的情况下，我会试着把这个角色和会议主持的角色合并，身兼两职。这样做的好处在于询导师能够自己控制讨论的焦点和速度，但是图像的质量会受到一定影响。最理想的方式还是找一个会议主持做搭档。在商业会议中，会议主持可以是专业的，也可以是临时从与会人员中挑选出来的。因为商业管理人员大部分都是有主持能力的，只要设计好会议议程和会议工具，讨论就可以顺利进行。这样，视觉化询导师就可以集中精力在听、问、画方面，注意在每次改动之前照相留记录。

另外，最好提前召开预备会议，理解会议内容或学习图的主题。必须提前准备工具和材料，白板、马克笔、纸、挂图、铅笔、便利贴、涂改液、剪刀等。

视觉化询导

视觉化询导让目前的图像辅导（实际上很多是图像记录甚至文字记录）的作用上升了一个空间，让图像在商业对话过程中发挥更大的价值。视觉化询导包含"视觉"和"询导"两层意思：

视觉包括图像观察、便利贴排列组合、二维书写、图像记录、绘画、改画、自己画、带人画、一起画、绘制故事板等视觉化手段，询导包括倾听、观察、询问、介绍、表达、启发、挑战、确认、图像信息总结等主持协调技巧。两者结合就是视觉化询导。

前面我们大概讲了一下图像化的基本元素、图像语言和图像化的程序。在图像化的程序中，一个关键环节叫"图像变化"，这是一个极其有价值的咨询服务过程，这一点是大部分图像记录所缺乏的，也是图像记录和视觉化询导最大的区别。很多图像记录员都强调过程是大部分价值，记录的结果是小部分价值，但是通常图像记录员把所有对话信息写在大平面上后会做一个总结，在这之前的改动是有限的。多数图像记录员声称达成了含义上的共识，实际上是文字上的共识。我们知道，同样的文字可以有不同的含义，从而产生不同的认识，导致不同的行动。比如说看到"开源节流"一词，有的领导就想裁员，有的领导就想降低原料成本，有的领导就想供应链革新，有的领导想增加广告投资，有的领导想开发新产品，有的领导想降价以助销售，有的领导想涨价以提高利润。图像记录员以为白纸黑字写着"开源节流"，大家又都在点头，就达成共识了，殊不知具体执行时有的方案要花钱、有的方案要省钱，真的会打起来的。变换图像的过程就是为了让大家打破文字的局限，真正在含义上达成共识。

我们在这一章具体地讲一下如何变化图像，在四维空间里循序渐进地改动；如何使图像和内容专家产生互动；在互动过程中如何用图像变化发散思维从而促成思想和观点的延伸；如何用图像变化组织趋同思维，促成思想和认识的统一。大家应该都知道沙画，如果把图像化改动的过程用摄像机录下来，然后加速回放，就有一点像沙画的变化过程。但是图像化改动需要捕捉讨论的信息细节，是跟着谈话的进度进行的。

学习图的视觉化模式在 30 人以下的小会议里，可以用来取代图像记录以增加图像的功效和价值，基本程序如下。

很多时候，我们必须在对会议内容一无所知的情况下进行现场作图。但是我认为用预备会议收集信息，根据会议目的策划会议议程可以使现场作图效果更好。如果可能的话，根据会议主题信息预备视觉化方案，许多时候，这些信息是个别管理人员准备的，并没有经过与会人员的讨论，经常会在大会上被推翻。即使如此我还是觉得有价值，因为这些信息可以帮助我们熟悉会议的大致内容和范围，比进入会议时对讨论的内容一无所知要好得多。

开会时提前进入会场准备，为与会人员创造最好的对话和参与环境。包括提前预备好图像对话材料和样品，排列好对话桌椅，准备便利贴的操作平面或为视觉化询导预备作画平面。

在开场介绍时顺便介绍一下视觉化的流程和参与、使用方法。

倾听与会者的讨论，勾勒不同的构图草案。和图像记录不一样的是，除了构图以外，视觉化询导还需要设计合适的图像语言（参考第 4 章）。这个阶段的主要任务是搞清楚会议的目的和目的下的几个主题，以及各主题之间的关系。

除了倾听以外，还要观察和询问。"观察"就是察言观色，看谁说话有影响力，附和的人多，以此观点为基础发挥的人多。也许大家会觉得那个人肯定是 CEO，其实不然，大多数 CEO 会很低调，因为他们也注重倾听。"询问"就是不理解的话一定要问。很多咨询顾问认为自己应该是专家，即使不懂也不好意思问。其实再外行的问题也有最专业的答案。你不懂的问题很可能也有其他人不懂，你的问题能够帮助所有人弄清楚可能的疑惑。提问一般有两种情况，其中一种是没听懂大家讨论的内容。我刚开始做现场绘图时就会问很多问题，因为我在商业专业英文上的听力能力有限，不得不问，不懂就没法画出来。我觉得我提了很多愚蠢的问题，但是客户都会耐心解释给我听。后来有一次出差时，我的两位搭档约翰、阿朗佐告诉我说，我的问题对他们帮助很大，因为他们是医疗市场的专家，很多问题不敢问，我的问题也帮助他们了解了情况。再后来，他们有时会悄悄地让我帮他们问问题。直到有一次在一个会上，一位老总回答我的问题时，另一位老总惊讶地说："原来如此，我在这儿这么久了都不知道是这样的。"我的两位搭档从此也开始轻松地问问题了。另一种问题是关于图像的，如构图时的内容主次问题需要大家讨论清楚。如果这时候已经在大平面（白板）上作图了，那么你就直接就画面提问。如果这时候你还在画草稿，就根据草稿的需要提问，比如"我应该把图像面积的百分之几留给你刚才讲的内容呢？""你刚才说的'避风港'是什么意思？代表什么？""你刚才说的竞赛是什么样的竞赛？代表什么？"虽然这个阶段主次还不明确，之后大家还会调整，但是使大家进入这样的思考和讨论是非常有价值的。这时候，很可能你会有几个不同的构图和创意方案，可使用便利贴收集信息，围绕会议的主题问几个问题，把便利贴发给大家让他们写出个人的看法和观点，把便利贴进行排列组合分类。就这样通过倾听把对话内容翻译成图像语言，并设计成整体的图像。

  接下来是收集反馈。如果你思路开阔，不纠结细节，你这时可能会画出几个不同的图像方案，先一一拍照记录，这是为了记录修改前的图像设计，拍照后把几个方案向大家展示，供大家选择。这一环节有时会意见统一，有时候会产生分歧和辩论。如果产生分歧了，视觉询导师需要一些技巧使大家意见统一，这是达成共识的关键。这里会出现两种反馈，一种是对艺术创意的反馈，一种是对商业内容的反馈。对艺术创意的反馈是关于画的图是否好看，构图是否协调，场景是否合适；而对商业内容的反馈是关于图像中捕捉的商业信息是否准确，即重点在哪里，错在何处，哪些是多余的，缺少哪些重要信息。用速写和书写的方式直接把反馈记录在画面上。视觉化询导师要引导大家先把讨论的焦点集中在商业内容上，然后再看艺术创意是否合适。注意一定要先在内容上找到共识，然后再谈设计是否合适，因为内容决定图像。艺术源于生活，图像源于信息。图像就像衣服，内容就像身体，要量体裁衣，衣服再漂亮，不合身也没有用。当大家确认了内容和含义且图像又紧扣内容时，管理人员对图像的认识也就统一了，共识也就形成了。但是有些时候，设计两三个方案都不完全准确，这时会有僵持不下的辩论。如果时间充足，可以继续讨论。如果时间有限，可以投票确定主体图像，把其余重要的图像内容加入主体图像。这一步的重点在于通过问问题把具体含义讨论清晰。

接下来是改图，根据大家的反馈绘制更准确的图像。这个阶段的任务还是找到最合适的图像语言来描绘正在讨论的商业主题。这时，大家会讨论各个主题的细节，所以视觉化询导师要一边听、一边改、一边问，画出比较多细节的草图。很多时候，细节内容的讨论可以分组进行，这样可以各个击破，节省时间。如果分组讨论，就需要在每组做讨论结果报告时完善图像。

最后还要反复改图，把修改后的图像先拍照记录，然后再次收集反馈意见，如果时间允许的话，可以重复五六次，直到修改完善为止。然后再拍照，完成最后的整合记录。如果需要把谈话内容传达给广大员工，就可以把图像化的过程转化成学习图。值得强调的是，反复更改图像的过程是极其有价值的，通常我们把人们的想法画出来后，图像会刺激人们的大脑产生新的想法。这样就需要不断改变图像去捕捉新的思路。在这个反复循环的过程中，图像是含义的载体，而正是这个载体使我们在讨论内容上真正达成共识（后面我们还会讲到图像在内容定义上的优势。）

以上图像化的程序导致的结果就是一个"共同思维模式"，受益者是决策层的那十几二十人，如果要把以上的"共同思维模式"推广给成千上万的员工，让他们和决策层达成共识，就必须做成学习图。我们还需要进行图像故事的细节表现、渲染，以增加图像信息的质量并激发参与者的情绪，启发他们的潜意识；把信息图表整合到主图里去，以增加信息量，并且进行戏剧化、艺术化、生动化加工，这样可以延长人们对信息的记忆时间；设计与图像对应的对话、游戏练习的信息卡等，以增加信息的互动性，使内容更加生动有趣。

图像化把审判官变成设计师

在经营管理的过程中所有有关战略的话题都是属于前瞻性的，也就是讨论还没有发生的事情和行动。回顾性的题目包括财务报表分析、收支平衡讨论等，是讨论已经发生的事情，是总结经验的话题。一次在美国一家一流儿童医院的战略整合专家讨论会议上，首席医务主管史蒂芬频频质疑我们的程序，据说事前他对我们的销售人员也十分不友好，项目组的成员都十分头痛。我当时认真倾听了他们的讨论并问了一些问题，讨论内容大致是围绕着如何改善病人及其家属的就医体验，把工作重心从医生身上转移到病人和家属身上。我观察到史蒂芬很有影响力，连 CEO 都要对他讲的话进行附和。开始发言的人很多，我把大家的谈话内容进行分析综合，把我所能理解的信息设计绘制成图像语言。因为太忙了，我并没有太在意史蒂芬的情绪和会上的气氛，只是觉得会场越来越安静。感觉到应该用图像刺激对话的时候，在征求大家的意见后，我把现场绘制在白板上的图向大家展示。果然，史蒂芬第一个站出来否定我设计的图像（见图 7.1）。

我心平气和地看着他问道："您是在批评我的绘画技巧呢？还是批评我的图像反映的信息是错的？"他说我所表达的内容不

对。我问:"您觉得我什么地方画错了?为什么画错了?"他看着图像想了一会儿说:"把病人放在中间,我们的医务人员围绕他们进行服务是没错的,但是我们不仅要把病人和家属作为中心,还要把病人和家属放在一个高贵的陈列台上,使我们的竞争对手望尘莫及,使大大小小的社区看见我们,也赢得广大医生们的青睐,从而把他们的病人都介绍到我们医院来就诊。"

我说:"高贵的陈列台听去上是一个很有创意的想法,想象一下也很美好,但是从商业角度它代表一个什么内容呢?"

史蒂芬的回答大概是这样的:陈列台代表我们的全体员工共同建立的一个远远高于竞争对手的服务质量标准,代表我们要建立一个简易就诊程序,梳理烦琐的系统,使病人感觉我们医院的就诊程序不是像迷宫一样,而是直截了当、简单明了的。

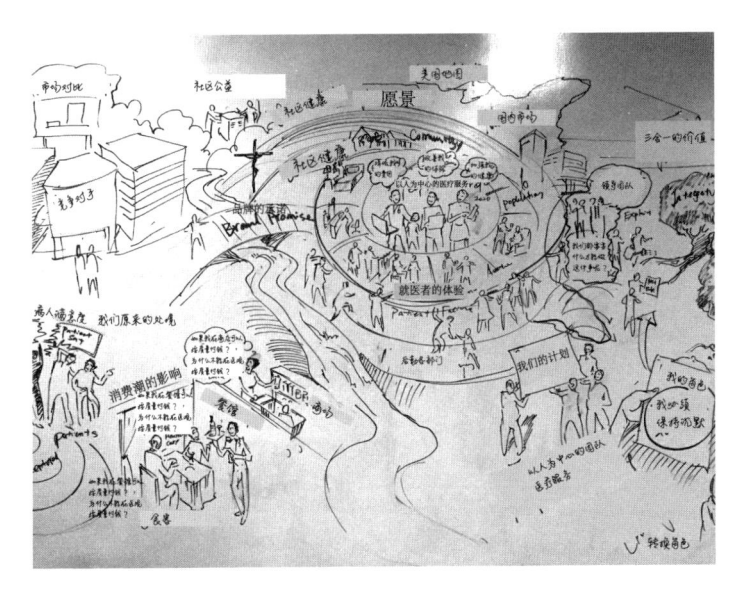

图 7.1

我突然意识到,他当时不单单是在说明给我听,也是在说服其他高管。因为上述意见是在很多问答和辩论中形成的,这就为我赢得了一些时间,去理解分析他的意思,并创造出新的图像语言来反映他的想法。当我把修改过的图纸再一次向大家展示时,史蒂芬主管惊讶地看着图,连连点头,表示赞同(见图7.2)。

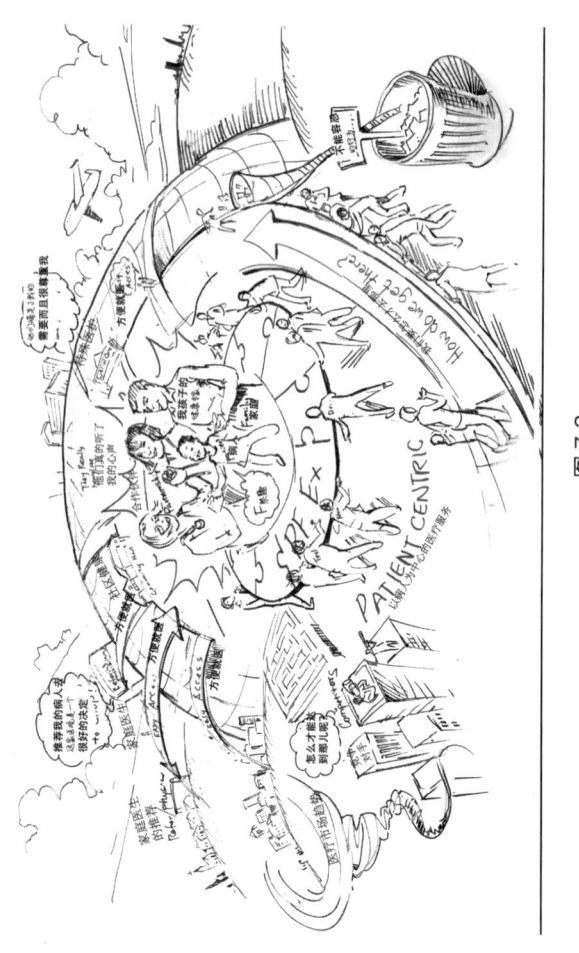

图 7.2

这一转机令大家很受鼓舞。这时，急救中心的负责人在认同了改动后的图像主调的基础上，表示急救中心也是病人进入医院的关键渠道，特别需要简化，我觉得我可能找到图像的侧重点了。这时人力资源的主管提出一个不同的看法，他说："我们应该把员工也放到这个既受尊重又被提供高标准服务的位置上。先创造一种高质量的员工体验，这样高质量的病人体验也就自然而然地形成了。"很多人频频点头，还有人就如何才能把员工从现有的水平提升到那个高贵的陈列台上谈了自己的看法。我意识到这是第二个重要含义，于是我在图上进行了修改。在此基础上，大家七嘴八舌地提出许多建议，我总结为如下几条：

创造一个大家都愿意提建议的环境；

树立正确的行为标准；

简化病人到医院的程序；

分清主次，抓住重点。

当我把所有这些都整合入图后，大家为能够在这么短的时间达成共识而兴奋不已（见图7.3）。特别是史蒂芬，对我们公司的看法和态度有了180度的大转变，对我所画的草图赞不绝口，甚至指着我说"太不可思议了，你是奇才"，并且带头鼓掌。我当然有点得意，但是我心里知道，大家欣喜的真正原因是看到自己的想法被图像化并且和其他领导的想法天衣无缝地融为一体，而且图像化使自己的观点潜移默化地被众人接受，在场所有人多多少少都有同样的感受，最后在无形中达成共识。

图 7.3

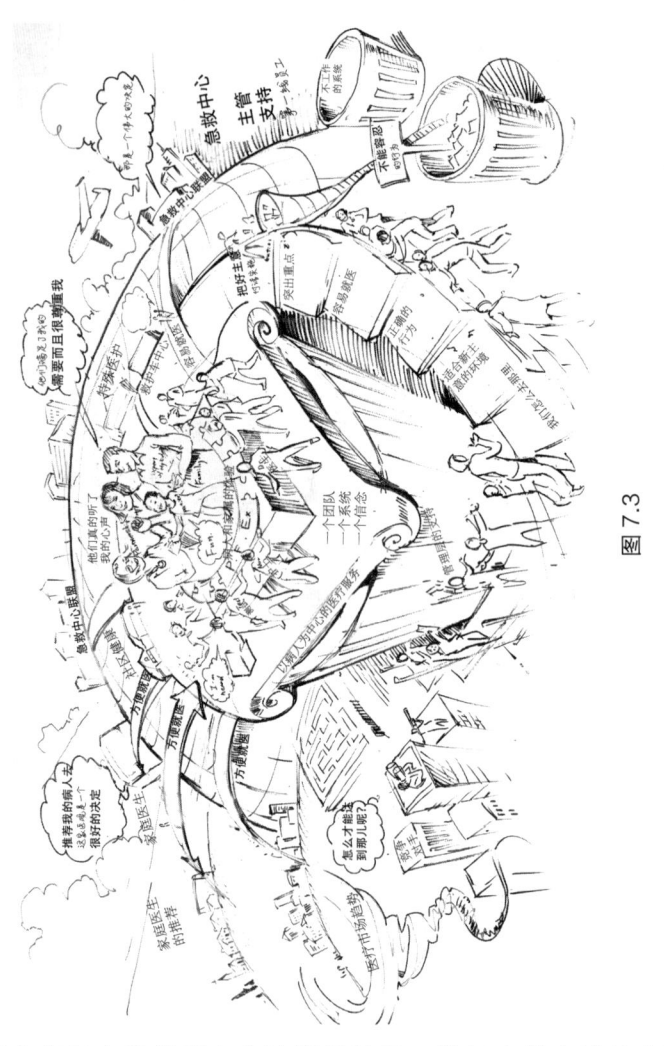

其实多年来我见到太多这样的情况，类似这样奇妙的事情在我们组织的会议上屡屡发生。许多管理者具有审判官一样审时度势的能力和欲望，所以看待事情习惯带着批评的态度，但是审判官不能改进现状，不能创造未来。而图像化过程就为这样的管

理者提供了一个绝佳的途径，把批评的负能量转换成创造的正能量，让他们从审判官转变成设计师。因为创造远比审判更激动人心。我一直想对图像在这个过程中的作用做一个深刻分析，由于种种原因未能实现。在我读 MBA 之前，这些只是感觉和经验，而在我读 MBA 的过程中，我对图像在这个过程中的作用做了一个理性的分析，而这个分析可以从下面这个故事说起。

用图像化合作降低未知的风险

2010 年我在密歇根大学读 MBA 时，有一次教金融的教授在幻灯片屏幕上向我们展示前两届同学的股票财务预算表，一连展示了三组得满分的预算，并把这些图表一一进行了解说。从图表中可以看出，制表同学思路敏锐，公式结构严谨，算法精妙，这使我羡慕不已。记得我当时提了好多问题，课后还追着教授问："既然两年前算得这么好，考虑得如此透彻，想必这股票预估应该很准，和实际股市走势很吻合，一定赚了很多吧。"教授很诧异地看着我，说他是头一次被问这样的问题，他接着回答说："不好意思，我只是根据学生的思路、公式的运用和运算的技巧打分，实际股市走势和运算结果相去甚远。"我很失望。后来我得出一个结论，股票市场大象无形，是无法预测的。所有市场数据，无论是资产负债表还是收入证明，如果是真实可靠的，就一定是已经发生了的，用历史数据去推测未来是主观的、不准确的。

回到高管的会议桌上，他们在讨论和定位企业使命、企业愿景、企业价值观及战略计划时，是用过去的数据作为依据，所以在制订未来商业计划时，是以经验直觉和潜意识为主，历史数据为辅助。但是我们知道，一个人的直觉是主观的，风险很大。解决这个问题的方法是集体讨论，如果我们能够把一组人的主观意见综合起来，主观带来的风险就会降低。但一组人在实际讨论时会常常各执一词，僵持不下。而商业图像化合作可以把大家的意见组合起来，这个过程中的障碍之一是那些持负面观点的人，他们会习惯性地用批判的眼光看待一切。在我看来，这种情况多数是很好的契机，因为他们的观点往往会把图像化带到更核心的话题上。关键是这时图像的变化要紧紧跟上他们的主题，并用图像让他们一同参与设计和想象。当他们讲的话被画入图像时，他们讲的内容和感觉被可以看得见的实体——图像记录下来供大家讨论，图像可以表达一个人的观点和另一个人的观点的关系，让人们的左脑和右脑互动，根据图像讨论文字中的真实含义，实现从审判官到设计师的角色转换。

当他们看到自己讲的话被画入图像后，要么表示满意，要么有新的反馈。如果有新的反馈，就进行下一轮的修改。在这个相互讨论和快速调整设计的过程中，大家的辩论不再是反驳彼此的观点，而是针对变化的图像，大家的注意力都在改图，往往会把几个持不同意见的领导的意图归纳设计入同一幅图像中，使大家看见大局，直到达成共识。这时的图像已经包括了所有人的建议，而且把众人的观点之间的联系用图像表达了出来。这个改图的过程是一个对话的过程，也是一个调动形象思维的过程，是一个把注意力从局部利益转移到整体利益的过程，是一个让个人意识集中于共同设计思考的过程。在这个过程中，人们不再固执己见，而是会进行许多热烈讨论。通过图像化过程，我们可以把个体的利益和意见综合到整体利益中去。当所有信息在图像中确定下来，就可以看出每个人在战略计划执行中处于什么位置。最后，每个参与的人多多少少都感觉对这张图有拥有权，而此时，大家所拥有的这张图已经包含了所有人的想法和意见。这时，大家也许就能看见无形的大象了。

当我们回顾过去的时候，可以用客观的数据和事实进行分析讨论。当我们展望未来的时候，就需要集体的经验、智慧和直觉。而这些经验、智慧和直觉是主观的，形形色色，各有不同。图像化是最佳的手段，能够把这些主观的东西综合起来，使之相对客观，相对安全。

隐喻是图像化合作中的超级武器

前面讲的图像语言相当于语言中的单词和句子，主要用来记录谈话信息，但是因为这些图像只是单词和句子，所以很多记录看上去很零散，缺乏连贯性。隐喻和图像故事相当于语言中的段落和章节，是图像与对话的互动。在这个过程中，我们可以帮助管理人员建立系统思维，整体、联系地看问题。

既然是故事，就有几个要素，地点、时间、人、事、物。我们知道，电影、电视、视频、动画甚至幻灯片是一个镜头接着一个镜头，一张幻灯片接着一张幻灯片放的，能够表达时间的推移。而在一幅画面里只能表达一个时间点，不能表达时间的推移。但是在做战略学习图的时候，我们需要把市场的每一个角落、企业的每一部分、生产和服务的每一个环节、每一段时间联系起来观察、思考、理解，去帮助建立整体、立体的思维模式。因此我就把这些时间的推移艺术化地表现在一个平面上。

用漫画描绘传统故事内容时，图像语言已经在那里。比如说要表现"公主亲了一下青蛙，青蛙就变成了王子"，公主、青蛙、王子都是现成的图像语言（见图7.4）。而用图像捕捉商业信息时却没有现成的图像语言，比如说利润、销售额、资金链、效率、收益率、风险、机遇、法规、市场趋势、市场竞争、公司愿景、企业战略、企业使命、公司价值等。这些抽象的词语，在传统的绘画里找不到对应的图像语言。这就要求在图解商业故事时根据需要临时创造新的图像语言。此图像语言就是各种隐喻、图标、图表和场景。

图 7.4

美国人有句俗话："一图胜千言，一喻胜千图。"

在商业对话中常常听到很多的隐喻，当碰到一个很难讲清楚的问题时，人们就喜欢用隐喻。美国人讲温水煮青蛙、八百磅的大猩猩、屋子里的大象、企业的岔路口。中国人有一寸光阴一寸金、盲人摸象、乘风破浪、愚公移山。每一个隐喻里的景象都是可以画出来的。隐喻把一个很大、需要很多话解释的道理浓缩在一句话、一幅图中，因此可以帮助观众和听众了解表达者的用意。

比如说"温水煮青蛙"，是说青蛙在慢慢加温的水中会对逐渐变化的温度缺乏感知，不知道自己跳出来，最后被煮熟了都不知道。其中的道理在于当人们处于一个自我满足的状态时他们会对周围环境的变化不够敏锐，缺乏感知，最后自己怎么失败的都不知道。我们每次要讲这个道理的时候，用"温水煮青蛙"的隐喻就可以了，不用长篇大论。那么我们就可以把"温水煮青蛙"这个道理作为图像语言：画一只青蛙在热水里，然后把青蛙标为一个或者一个团队，把热水标为逐渐恶化的市场（见图 7.5）。有

图 7.5

人会问，既然"煮青蛙"这三个字已经把道理表达清楚了，为什么还要画图呢？请大家比较一下，想想面对这张图和面对三个字讨论的效果有什么不同？因为我们在图像中对青蛙和水池进行了重新定义，所以我们可以做很多讨论，去梳理隐喻中所包含的意义，从而达成共识。

隐喻千变万化，但是总的来说可以分成三类。

第一种是借题发挥，就是根据谈话内容设计隐喻。比如企业内部有隔阂我们可以用人造卫星来比喻，外太空是对新市场的视觉夸张（见图7.6）；用桥比喻从目前的状态跨越到未来的状态，用流水比喻资金流（见图7.7）；用丛林探险比喻充满挑战的历程（见图7.8）；用赛车比喻速度的竞争（见图7.9）；用宇宙飞船比喻高科技、高速度的探索冒险和竞争（见图7.10）；用美国西部牛仔比喻科技探险的战场（见图7.11）。

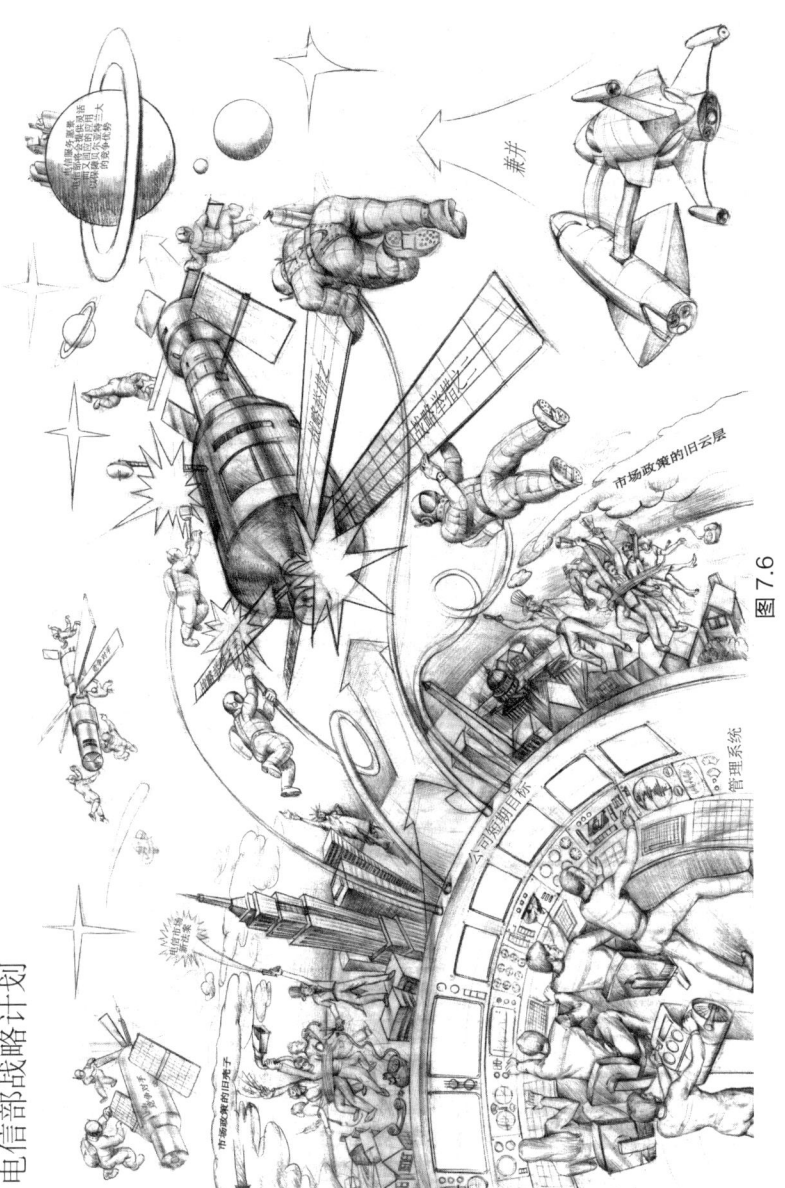

Chapter 7 图像化合作 175

图 7.6

图 7.7

图 7.8

图 7.9

图 7.10

图 7.11

图 7.12 名为"退潮之后",就是用搁浅的轮船比喻在 2010 年美国经济衰退后,许多大企业需要人才把企业拉回市场的海洋。许多企业的人力资源主管聚集在一起,用这幅图来讨论经济市场恢复过程中人力资源的各种状况和问题,以及如何用合理的人才调配方案把企业拉回正轨。

第二种就是就地取材。很多会议是在某种环境中进行的,有着独特的文化背景。我经常借景画图,借助环境把人的思路从会议室里延伸到会议室外,给与会者一个身临其境、继续思考的空间。

一次美国几十家医疗机构决策层的领导们定时参加的圆桌会议,会议地点是万豪酒店建造在半岛上的二层会议厅,三面环水。讨论的主题是如何降低医疗风险,加强病人安全和提高医疗质量。于是我顺势画了一个避风港作隐喻,大家就如何为病人和医生打造一个避风港谈了许多看法和建议(见图 7.13)。晚餐是

Chapter 7 图像化合作 179

图7.12

图 7.13

在酒店防浪堤上的草亭里就着海风吃烧烤，我忽然发现这里和我画的避风港的场景很相似。好几个人也意识到了，跑过来问我是不是想着这个场景画的。我说我是直接从机场到会议室的，根本没有机会绕到酒店后面的这个小港口，完全是巧合。那天晚上，多数人的闲聊一直围绕着如何为病人打造避风港这个主题。

还有一次，我到美国南部一个主要的医疗组织去设计学习图。当我走近总部大楼时，看到楼前有一组雕塑，表达的是一个《圣经》故事（见图7.14）。

在耶路撒冷，靠近羊门有一个池子，希伯来语叫作"毕士大池"，旁边有5个走廊，里面躺着许多病人在此等候水动。因为会有天使按时下池子搅动里面的水，水动之后，第一个下去的人无论生的是什么病都会痊愈。

图 7.14

在那里有一个人，病了 38 年也没能第一个下到水里。

耶稣又一次看见他躺着，知道他病了许久，就问他说："你想痊愈吗？"

病人回答说："先生，水动的时候，没有人把我放在池子里；我正要下去的时候，总有别人比我先下去。"

耶稣动了怜悯之心，对他说："起来，拿着你的褥子走吧。"

那人立刻痊愈了，就拿起褥子走了。

开会时，我发现这是一个非常虔诚的基督教医疗组织，他们的企业使命是"扩展基督医治的服务"。于是当话题涉及病人治疗程序时，我就即兴画了之前看到的《圣经》故事作隐喻（见图 7.15）。对于医疗组织的员工来说，这是一个非常熟悉的故事，我不用解释大家都了如指掌，所以用这个隐喻是很有效的。但是这个故事对于不知道《圣经》的人来说是很陌生的，所以不能用

图 7.15

在其他的公司。

第三种是特别定制。许多企业所面临的市场具有一些独特性,在图像化过程中对这种独特性进行强化夸张,能够抓住观者的心,集中他们的注意力,延长他们的信息记忆时间。比如要反映快餐市场竞争激烈,麦当劳作为最大的快餐连锁店,它的市场份额遭到其他快餐店的蚕食,需要员工认识到谁是竞争对手。于是我就用汉堡包比喻麦当劳的市场份额。麦当劳的管理者看了图之后,异口同声地说这是"被袭击的巨无霸"。于是"被袭击的巨无霸"就成了这张图的标题(见图7.16)。

Chapter 7　图像化合作

图7.16

不是所有的话题都一定要用隐喻，也不是所有的隐喻都有效果，使用隐喻是有条件的。如果那个隐喻本身比较复杂，或者人们对其不熟悉，需要解释，那就不要用，因为隐喻是用来解释内容，加强沟通效率的。先花很多时间解释隐喻，再用隐喻解释内容，这是很多人容易犯的错误。因为人都有创造欲，好不容易找到这么一个机会发挥一下自己的想象力为什么不做呢？但是大家应该知道，我们不是在搞艺术创作，而是在帮助企业员工进行有效的沟通。一个众人都不懂的隐喻更可能成为沟通的障碍。所以"直接描绘"也是我们常常使用的一种绘画语言。一些传统的市场和供应链是有形的，如商店、餐厅、工厂、街道、城市，我们可以直接描绘这些形象，根据主题进行调整，如图7.17是为我多年前为一家五星级连锁酒店设计的市场分析图。讲到这里，一定有人会望而却步，说上面讲得太专业，自己画不出来。我讲隐喻和比喻，不是建议大家怎么画，而是在启发大家怎么想。不需要画得多复杂逼真，用第六章里讲的图像元素组成图像语言就足够做图像记录了（见图7.18）。

我非常喜欢用隐喻，它给我们一个二维的系统视野，又加上一个三维的想象空间，让故事情节在四维的时间长河里游走，是一个强有力的图像化手段。

图 7.17

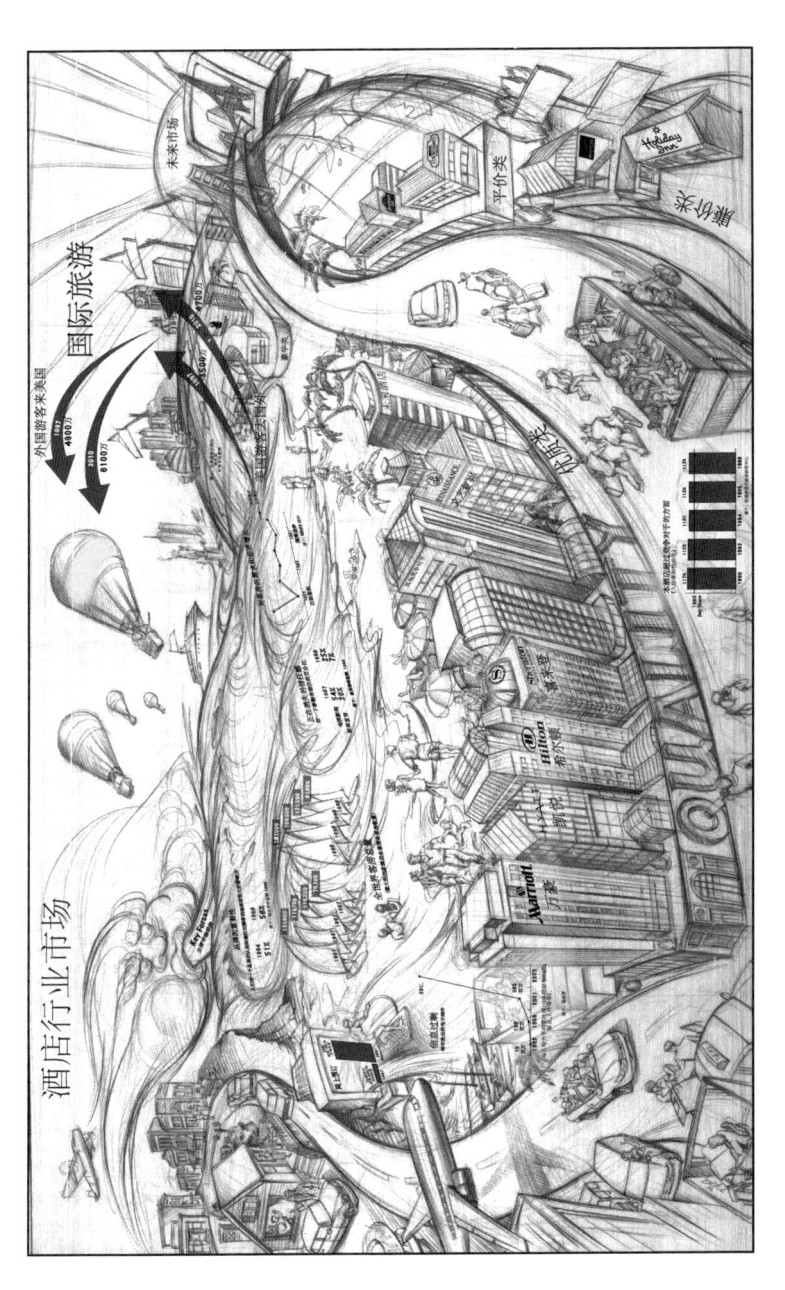

图 7.18

从隐喻到共识

隐喻图像语言看上去很精彩，但是到底是如何从中创造共识的呢？商业图像化不是单纯的图像化，而是把文字和图像结合起来以达到强大的沟通效果，图像的高质量信息可辅助文字信息表达空间、距离、体积、光线、颜色的关系。

如图 7.19，通过图像隐喻，再结合文字，可以达成共识（见表 7-1）。

图 7.19

表 7-1　图像结合文字达到的共识

文字定义	图像语言	图像的含义（在图像上用文字标明）	谈话内容（讨论商业意图）	统一认识	图像共识
船		公司名称	同舟共济的旅途，还是共同建设的团队？	同舟共济的旅途	用航海的隐喻
类型：帆船		公司经营战略：快速跟进	抓住市场动态顺势而为，还是革新技术开拓新市场？	抓住市场动态顺势而为	用帆船比喻公司

(续表)

文字定义	图像语言	图像的含义（在图像上用文字标明）	谈话内容（讨论商业意图）	统一认识	图像共识
大小		公司规模	是大，是中，是小？	成长中的中型企业	帆船的大小
颜色：绿色条纹		可持续性	注重环保还是降低成本？	注重环保	船帆为绿色
船帆数：2		战略定位组合：2	销售战略是供应链革新？	销售战略加上供应链革新	用船帆代表组织战略
水手人数：8		公司团队	8个部门还是9个部门？	8个部门	用水手代表各部门
航标		企业价值观	公司的价值观列举	价值观也是指导原则	用航标比喻企业价值观
礁石		市场风险	原材料价格、竞争、地方政策、诉讼等	除了市场风险，考虑列出公司内部的问题	共同克服困难

用文字帮助重新定义隐喻图像时，就开始进入含义的清晰化过程。比如用帆船船体代表公司，用扬帆表示公司战略能够抓住市场动态顺势而为，属于快速跟进型公司，用船员代表各个部门。如果大家没有异议，就说明大家对"同舟共济"这一隐喻的意见是统一的。如果有不同意见，就重新讨论什么是适合代表公司的图像语言，为什么。这样循环讨论直到意见统一为止。比如说，有人会说公司不应该顺势而应该造势，应该用技术革新开拓新市场，这样就成了领先创新模式的公司。这样大家觉得应该换成什么类型的船呢？

同一个隐喻图像加上文字的重新定义就可以形成新的图像语言，这就是真正的共识。不同的人对同一句话会有完全不同的认识，比如一个"车"字，有人会想着卡车，有人会想着越野车，有人会想着轿车。若一个人说"我有车"，有的人会想这个人在炫富，有人会想这个人要接我，有人会想这个人很快就到。如果大家根据"我有车"这三个字去做出反应和行动，结果会大相径庭。有人会说，那多问一下细节就清楚了。是的，车的事我们多问几句就清楚了。那么在商业会议上的很多问题我们有没有问清楚呢？比如说我在为一家豪华汽车公司画战略图时，会上提到精工性能战略，大家好像都明白是什么意思而且同意。我就画了一个钻石的外形，中间画上汽车引擎。大家看了以后都说不对，我问为什么不对，大家你一言我一语试图解释，众说纷纭，甚至辩论起来。但是继续问、仔细听，我就发现，有的人说精工性战略不仅包括引擎，还要包括车型设计；有的人说不光包括外形，还有车内设计符合人体工学（舒适感）；有人说是信息科技与汽车的结合；有人说不应该局限于产品，还包括客户购买体验、专卖店的环境设计、汽车贷款流程的革新。我就边问边画，边听边改，通过人和隐喻图像对话，本来无形的战略就在图像化的过程中成形了。

隐喻是信息容量最大的图像语言，通常一个隐喻足够承载一个战略。抓住这个隐喻，启发思路讨论下去，我们就不会离题太远。对隐喻图像进行修改完善，我们就能自然而然地达成共识。

图像化合作的参与者

图像只是承载信息的工具，是达到目的的手段而不是目的本身，这是我们的客户经常混淆的。有些人经常纠结于用什么图像表达商业内容比较有趣，甚至故意标新立异来显示自己有创造力，换来换去总觉得不满意，忘记了图像化程序的目的是什么。就比如一个人要开车从 A 点到 B 点，把规划路径改来改去，就是不出发，路线改得再漂亮也没法到达 B 点。所以，尽量选用一个设计、一个隐喻、一个场景、一个故事，把商业内容讨论完整。有了完整的内容，我们再考虑有没有更有趣、更标新立异、更合适的隐喻图像来表达。

参与者在观察图像时，首先要肯定那些正确的图像及图像所表达的内容，这样在改动的时候就不会让已经捕捉到的信息流失掉。然后再讲要修改和补充的内容，这样才能循序渐进地接近主题。

参与者的谈画程序步骤如下。

观察：退一步看大体图像，感觉一下什么是内容主体。

发现：注意那些吸引你目光的形象，分析一下是什么意思。

描述：把你觉得有趣的图像描述出来给大家听，讲讲你的理解和感受。一个一个发言，先听再讲时可以就着别人的描述补充谈自己的想法。

反馈：肯定那些你认为正确的图像，否定那些你认为不合理的图像，一定要从商业上解释为什么。避免执着于图像美丑，因为我们不是在评画，而是在借画言商。

讨论：如果团队成员之间关系生疏，尽量不要直接否认对方的商业观点，先从图像入手，再讲商业原因，尽量针对图像进行评论，这样可以避免破坏合作关系。如果团队成员之间关系友好，互相信任，可以直接反驳其他人的观点，这样可以加快会议进程。

修改建议：以内容修改建议为主，以图形改动为辅。尽量根据已经画出来的图像语言、隐喻范围提出修改建议，即使你十分有创意也要把握尺度。因为会议目的不是图像创新，而是整理内容、统一认识。可以自己拿马克笔在图纸上改动，写和画都可以，因为图像在这里不是艺术品，它本来就是一个看得见摸得着的供我们改动的模型。

以上步骤可以重复循环。

在询问与会者的看法和建议时，会有很多反馈的声音，询导师一定要把握和分析这些声音。有一部分声音是美术评论，如画得好精彩、好神奇，或者对帆船的形状不满意，这一部分我们可以过滤掉，因为我们的焦点不是艺术鉴赏而是创造大家对信息的共识。有一部分是创造欲的抒发，如在海里加鲨鱼、章鱼、潜艇等，这部分意见是形象思维的启动，询导师一方面要鼓励，另一方面要追根求源，如询问鲨鱼在我们讨论的商业内容里是代表什么，把他们从想象力发挥带到含义讨论中来。有一部分是含义清晰的，如帆船上的战略中缺乏回应市场趋势中的消费需求的计划，询导师就应该把问题延伸到图像以外，追问应该补上哪些计划。有时会对某一个图像产生争论，这时，首先要明确他们争论的图像背后的商业内容是什么，而不是仅仅停留在图像的设计上。这样对话的速度并没有慢下来，而且会围绕图像所表达的主题，不至于杂乱无章。

因为图像会使人产生联想，集体合作形成图像的过程是一个思路不断延伸的过程，你一言，我一语，信息量不断增加，很容易把画面画得密集烦琐。这对于参与者来说可能没有问题，但是如果想用这个图像记录与没参加会议的人员进行沟通交流就需要简化图像。从这个角度出发，视觉化询导师可以用图像密度来检验信息的主次。也就是说，画到一定的饱和程度，就应该用重要的信息把次要的信息挤掉。如每加一条信息、一个看法，我们就要将这条信息与其他已经画入的信息比较，看看哪一条信息可以减掉，这样就可以抓住主要信息，过滤掉那些相对不那么重要的信息。

　　这章我向大家介绍了一个关键的角色——视觉化询导师。这个角色需要具备商业咨询和图像表达的综合能力。要成为一个视觉化询导师可能需要一个较长的实践过程，而这个实践的过程也是增加他所提供的价值的过程。商业大象无形，每一个企业都有它的商业特性。有时候我觉得自己是一支智能画笔，不断在不同的企业实践并学习积累经验。其实，视觉化询导师就是一支智能画笔。

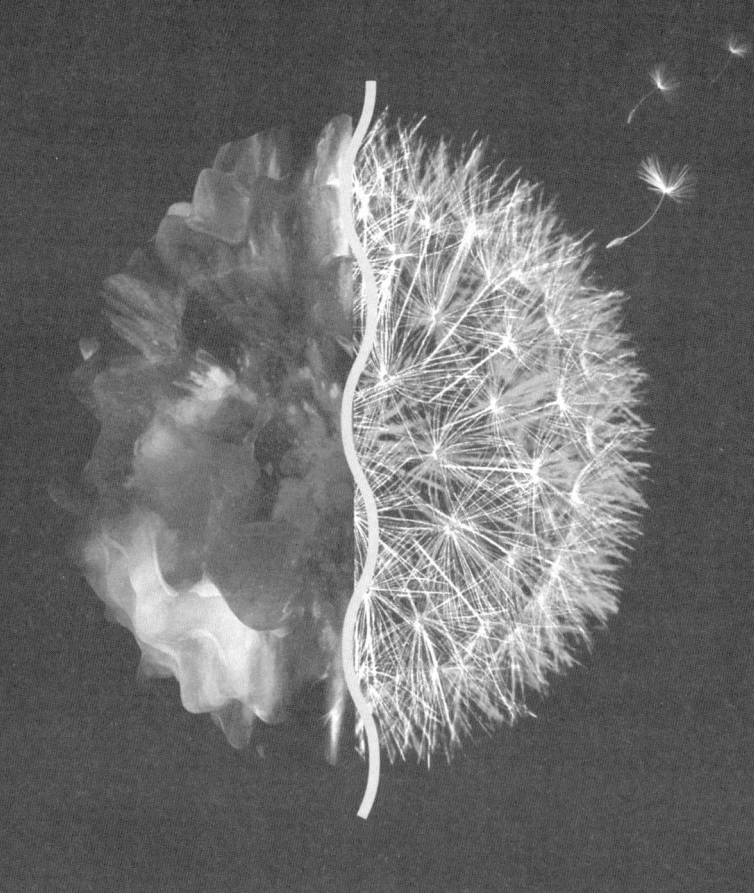

Chapter 8
图像应用的分类

商业美术发展到如今,出现了各种各样的新尝试,特别是在商业会议部分,出现了一批现场作图的人才,使会议丰富多彩。我把这些尝试分一下类供大家参考,让大家知道什么样的服务产生什么样的价值,知道什么可以自己做,什么需要专业人士的帮助。我把图像的商业应用归为四类,图像化沟通、信息图表、图像化合作、学习图。

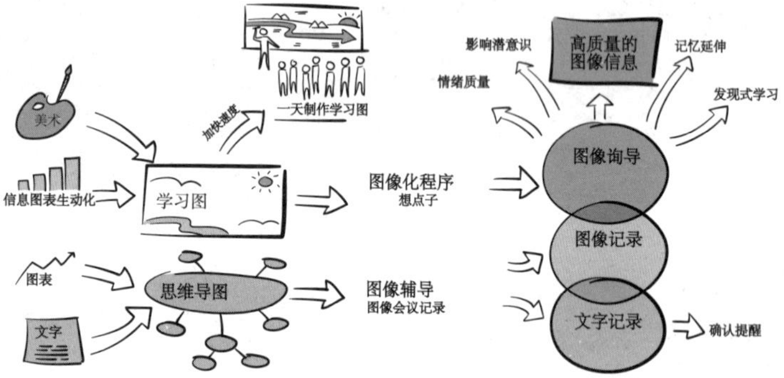
美术
信息图表生动化
学习图
加快速度
一天制作学习图
图表
文字
思维导图
图像化程序
想点子
图像辅导
图像会议记录
影响潜意识
情绪质量
高质量的图像信息
记忆延伸
发现式学习
图像询导
图像记录
文字记录
确认提醒

被出卖的艺术

我从湖北美术学院雕塑系毕业后,获得美国韦恩州立大学的奖学金来美继续攻读雕塑专业的研究生。研究生院为我们这些艺术研究生提供了工作室,教授给研究生上课是一对一的。工作室在校园附近一个废弃工厂的三层,用合成板搭成了十几个隔间。我在那里看见有的研究生衣衫褴褛、蓬头垢面,有点流浪汉的感觉。第一个给我上课的是一个名叫安东尼的黑人助教,他很年轻,刚刚得到这份助教工作。他走进我工作室的时候我正在做一个泥塑的头像,他示意我不要停下来,自己站在门边静静地看了一会儿。我终于按捺不住,请他给点建议。

他说:"你用的是很写实的手法。写实的东西我教不了你,你已经够资格教我了。"

我有点飘飘然地问:"那你可以教我点儿什么呢?"

"创意。"他说,"想象力,突破常规的创造。"

我肃然起敬地问:"我该做些什么?"

他沉思了一会儿说:"这样吧,你去社区的垃圾箱找一找有没有什么有价值的东西。"他看见我诧异的样子,又坚定地强调了一句:"我说的是具有艺术上的价值,让你产生灵感的东西。"

我犹豫地点点头答应了。

底特律市区的垃圾箱是铁皮的,有一人多高,像一个小的集装箱。我在垃圾箱周围徘徊了许久,始终没有勇气打开它来寻找艺术的宝藏,最后只好两手空空地往回走。在回来的路上,一个黑人流浪汉问我要零钱。

他说:"我父亲在医院病得快死了,能不能给我一美元,我搭车去医院看他?"

我从口袋掏出一美元递给他。他十分感激地说:"你是留学生吧?"

我点点头说:"是"

他接着问:"学什么的?"

我自豪地说:"艺术。"

他说,"那祝你好运,饥饿的艺术家",然后走开了。

在街道的另一个拐角,我又碰到一个黑人问我要零钱,说他的父亲在医院病得快死了,能不能给他一美元搭车去医院看他的父亲。

我很吃惊,因为这些人懒到连撒谎都没有创意。

我把钱递给他说:"赶快去吧,刚才你兄弟已经搭车去了。"

我走开了好远回头看,他还一副困惑的样子站在那里。

回去的路上我一直在想,"饥饿的艺术家"是什么意思?后来，我的一位美国同学向我解释的时候，那副又崇高又激扬，准备为艺术壮烈牺牲的样子，我到现在还记得清清楚楚。而我心里却在盘算着将来在美国怎么生存。

我准备的研究生第一学期末的答辩作品是一座白色大理石雕琢出来的立体的阴阳，我做这件作品一方面是为了表达我的中国文化背景，另一方面也是想跳出写实风格的局限，融入抽象的概念。答辩时，一大群教授按次序检查每个学生的作品，听我们讲解。等教授们检查完我的《阴阳》作品后我就跟着大家去看其他人的展示。我发现隔壁的一个胡子长到肚脐的白人研究生的作品的名字也是《阴阳》。我做阴阳石雕时，他来过我的工作室，问了好多问题，却不告诉我他的作品是什么，原来他也在琢磨这个题目。他把他隔壁的隔间也借了来。他的隔间顶上被一整块黑布盖着，中间用烧黑的木头堆砌成直径2米、高1米多的火山形状。他隔壁的隔间用浅蓝色的布盖着，中间放着一个直径3米、高1米多的铝皮大盆，里面装了水。他先在观众面前脱去鞋袜，赤脚站进"火山口"里，再用木头上的黑炭把自己的手、脚、脸和衣服抹黑。然后拿梯子靠在墙上，爬上去在黑布上剪了一个口，上身钻进去，在隔壁隔间顶上的蓝布上也剪了一个口，接着他人跨坐在隔墙上，把梯子放到另一边，人再顺着梯子下到另一边。学生和教授们一窝蜂赶到另外一边去，只见他在众目睽睽之下脱光衣服，赤身裸体跨入冰冷的水桶之中，洗去手脚上的黑炭，最后像狼一样长啸一声，赢来一片唏嘘议论之声。

答辩结束后，我陷入了深深的沉思。我当时觉得这些艺术家没有写实的艺术功底，却想凭着突发奇想哗众取宠，当他们过于前卫的作品无法被人理解，不被承认，没人购买时，他们就感叹怀才不遇。我认为这种想法很矛盾。一方面，他们在艺术作品创作上追求极端超前到无人能及的地步；另一方面，当他们的艺术作品超出别人的理解接受范围时又觉得怀才不遇，渴望得到大众的承认，希望一举成名。所以，我决定走出这种矛盾的欲望，用艺术直接为社会创造价值。

现在想来，自己当时的想法有点幼稚。虽然他们思想前卫，不被社会主流承认，无法得到应有的回报，以至于生活在贫穷之中，然而正是因为这些极有创意的艺术家们在社会的角落疯狂地、不计报酬地努力着，大量的抽象作品浸透在社会每一个角落刺激着美国民众的灵感，这才在无意中启发了美国的创新。我觉得那是一种牺牲和奉献。

而那时，不愿意再高投入低回报的我在第二学期就找系主任要求转专业学习工业造型。系主任一直很看重我，第一学期的奖学金就是他批给我的。当他听见我要转专业时，他的表情好像我出卖了自己的灵魂一样："应用艺术，真的吗？"我当时小声怯懦地回答："是的，我不想做饥饿的艺术家。"他说："你真的是一个很有天赋的学生，要不要再考虑一下？"我说："我考虑很久了。"他最后叹了一口气，答应了。就这样，艺术被我"出卖"了。我安慰自己说，其实艺术的功能性是与生俱来的，图像本来就是用来传递信息的，艺术的应用是必须的。

图像化沟通

　　传统的应用艺术属于图像化沟通。所谓"应用艺术"就是把艺术的功能直接运用到商业上去创造价值，反过来说就是商业信息图像化。应用艺术和纯艺术创新的区别在于，应用艺术是有商业目的，或者说是有很强的功能性的，而纯艺术的创新是为了创新而创新，或者说是为审美需要而创造。应用艺术利用美术的原理对图像和文字进行设计，从视觉上吸引顾客眼球，为商家创造效益。图像的功能早就在人类历史上被应用于商业了，从一开始的莎草纸广告到后来的平面设计、服装设计、工业设计等等，这些都是图像功能在商业上的传统应用。商家运用图像提供的高质量信息向市场、顾客进行宣传。因为本书的内容和平面设计有千丝万缕的关系，所以我需要把平面设计的功能和历史讲一下。

　　平面设计是使用一种或多种排版、照片和插图传达和解决问题的过程。该领域被许多业内人士视为视觉通信和通信设计的一个分支。把符号、图像和文本进行设计组合，以视觉的方式表达商业理念和信息。平面设计包括企业标志和品牌设计、报刊设计、交通和环境标志设计、广告、网页设计、书籍装帧设计、产品包装和标牌等。

　　"平面设计"这个术语是由威廉·阿迪逊·德威金斯（William Addison Dwiggins）于1922年创造的。然而，平面设计的活动是由我们第4章里讲的图像标志延伸出来的。就像我们前面讲到的，古埃及人发明了莎草纸。从这些莎草纸上的图像符号判断，这是当时百姓用来传递商业信息的常见广告手段，应该相当于现代的广告传单。平面设计范畴的另一个具有非常古老的历史应用是商业招牌。古埃及人、古希腊人和古罗马人都有使用标牌的记录。在古罗马，招牌通常由石头或兵马俑制成。许多古罗马标牌保留至今，其中被广泛认可的一种灌木装饰（bush）的标牌是小酒馆的标志。罗马谚语说"好葡萄酒不需要灌木装饰"，就相当于中国的"酒香不怕巷子深"。现代也流传下来一些可识别的贸易标志，比如旋转的红白蓝条纹为理发馆标志，还有一些个体商铺的商标后来演变为整个行业的标志。

商店的标牌和促销标志在东方也有独立的发展。那时中国古代社会消费风气盛行，高水平的消费不仅限于精英阶层，而且普及到广大普通消费者中。消费文化的兴起促使生意人对商家形象管理要求越来越高。商家在零售标牌、象征品牌、商标保护和复杂品牌理念方面做了大量的投资。和罗马酒馆标牌不谋而合的是酒幌，亦称酒旗、酒望、酒帘、青旗、锦斾等。作为一种最古老的广告形式，酒幌在春秋战国时代就已经出现了。《韩非子》记载："宋人有沽酒者……悬帜甚高。""帜"就是酒幌。零售标牌和酒幌上以文字和符号为主，而中文源于象形文字，其中本来就有符号和图像信息。

通过漫长的历史发展，现代的视觉传播中，广告所包括的视频、摄影、动画、平面设计和美术之间的界限已经模糊了。它们拥有许多共同的要素、理论、法则、实践、语言，有时拥有共同的受益人或客户。其中的平面设计基本上就是以图像的方式向消费者传达商业的信息、思想、意图及对某种产品和服务的经验和感觉。

传统的应用艺术就是图像化的源头。

图像的视觉质量高于文字，古人早就认识到图像化的价值，并且反复应用图像的优势进行商业沟通。另一方面，传统商业图像化应用的美术原理与新的图像语言的应用是一致的。比如如何使用排列和比例，如何使用层次和空间，如何使用重复和类似，如何保持留白和平衡，如何使用颜色和对比，如何构图制造动感，如何保持和谐和整体感，如何强调视觉冲击力，如何使远观者看得见，如何使近观者产生好奇，等等。如果管理人员了解一点这些基本法则，一定对企业有利。

信息图表

自从根源咨询公司的学习图被刊登在《哈佛商业评论》杂志上，公司的电话就不停地响，业务源源不断。同时美国的市面上先后出现了一些用平面设计和信息图表来解决难题的尝试者。

在商业界广泛使用的表格、线图、条形图、饼形图、资料图都属于利用平面设计的图像化功能解析商业数据的范畴，它们可以帮助管理人员理解和交流商业信息，并且制定战略。通常，每一个图表资料只表达一两个重要信息，信息清晰度是最基本的要求，最好是一目了然。

信息图表通常被放在幻灯片里做单向展示。另外，还有早期的思维导图（见图 8.1）、决策树图（见图 8.2），以及后来的丹·罗姆的餐巾纸草图。特别是丹·罗姆的餐巾纸草图，结合资料图设计的基本原理和思维导图的手绘方法，以随处可见的马克笔和餐巾纸为工具，沟通和解决问题，向大众推广图像化的思维方式。而这些思维方式其实正是专业的设计师们分析信息、思考设计、寻找解决问题方法的方式。

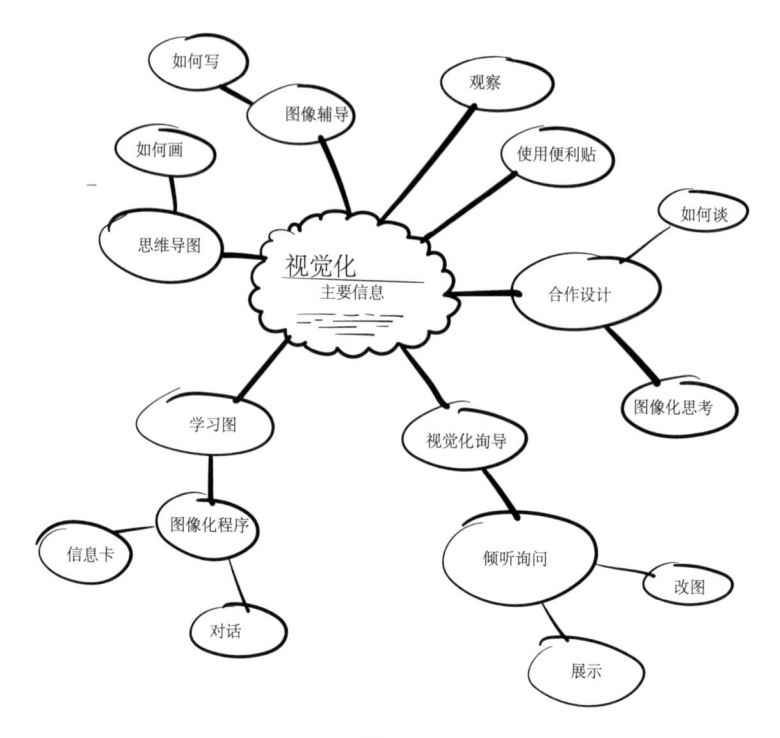

图 8.1

供应商的决策树

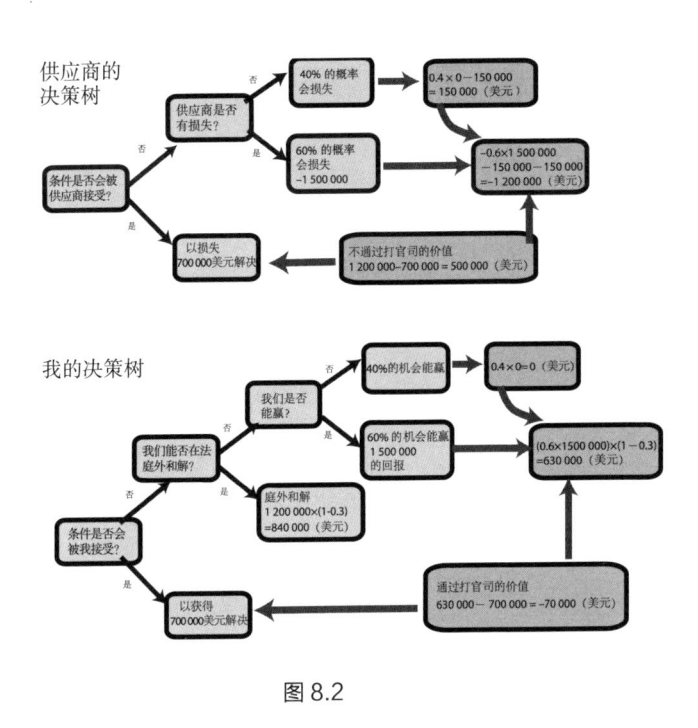

- 条件是否会被供应商接受?
  - 否 → 供应商是否有损失?
    - 否 → 40% 的概率会损失 → $0.4 \times 0 - 150\,000 = -150\,000$ (美元)
    - 是 → 60% 的概率会损失 $-1\,500\,000$ → $-0.6 \times 1\,500\,000 - 150\,000 = -1\,200\,000$ (美元)
  - 是 → 以损失 $700\,000$ 美元解决 → 不通过打官司的价值 $1\,200\,000 - 700\,000 = 500\,000$ (美元)

我的决策树

- 条件是否会被我接受?
  - 否 → 我们能否在法庭外和解?
    - 否 → 我们是否能赢?
      - 否 → 40% 的机会能赢 → $0.4 \times 0 = 0$ (美元)
      - 是 → 60% 的机会能赢 $1\,500\,000$ 的回报 → $(0.6 \times 1\,500\,000) \times (1 - 0.3) = 630\,000$ (美元)
    - 是 → 庭外和解 $1\,200\,000 \times (1-0.3) = 840\,000$ (美元)
  - 是 → 以获得 $700\,000$ 美元解决 → 通过打官司的价值 $630\,000 - 700\,000 = -70\,000$ (美元)

图 8.2

思维导图是表达层次关系的有效图像化思维工具，它运用平面构图的方法组织文字，把各级主题相互隶属或相关的层级关系以图像形式表示出来，把关键信息用图形、颜色等加以强化，形成视觉刺激。它充分运用左右脑的功能，帮助人们在逻辑与想象力之间平衡思考，从而激发人类大脑的潜能。

图像化合作

10多年前，在图像辅导员这个职业还鲜为人知的时候，我就做了一次这样的工作，那时我还不知道有这个职业。

当时有一家瑞士制药公司的高管请我去凤凰城为他们的一个会议画图,这种小项目根源公司通常不接单,但是由于这家公司是老客户的关系,我不得不去。为了节省时间,我利用美国东部和中部的时差,早上从底特律出发赶到会场,准备一天完成任务。由于项目小,客户提前把服务费打给了公司,所以没有合同,我不知道具体要画什么。开会的地方是一个豪华酒店,进入会议厅时会议已经在进行,对方的负责人把我带到一面墙的面前,只见上面铺了一张宽1.6米、长8米的白纸。负责人告诉我说,这次有3个会议厅,每个会议厅有30人在讨论不同的题目,我现在所在的会议厅的题目是整个大会的主题"新客户价值观",但是各组会每隔45分钟交换主题。我当时的理解是把3组人的对话用图像故事进行整合。那时我从来没这么干过,所以还有一点紧张。但为了安慰自己,我想,既来之则安之,我就按我理解的意思画图像。在他们讨论的过程中,我把谈话内容用图像和文字潦草地勾勒下来,会议休息时,我用彩色笔渲染了一下以加强画面效果。人力资源副总经理进来看了我画的图像十分惊讶,出去又把总经理拉进来看,他们都显得兴奋不已。我也很惊讶他们的满意度。因为时间匆忙,我又没有任何准备,所以对画面的处理比我往常的图像要草率得多。我突然认识到他们不只是在欣赏我的画,更在欣赏大家的对话内容。晚宴酒会的时候有乐队,我画的图像已经被人裱在泡沫板上放在乐队旁边,有好几台聚光灯照着,总经理让我做展示,用图把讨论内容总结了一番。一片掌声过后,好多高管过来和我握手。有一位女主管称我是"图像辅导员"，还兴奋地说，我画的图比她见过的图像辅导员画得艺术多了。我回到公司的第一件事情就是调查什么是图像辅导员。我当时对图像辅导员的印象是：他们以色彩丰富的文字为主要的信息载体，以美术字为焦点，以符号为连接，以随意的笔法为手段，以生动有趣的卡通形象为点缀，用设计的理念在大面积的纸上组织并记载会议内容，然后把自己的图像展现给与会者以供他们回顾和参考。这种方法以美国丛林（Grove）咨询公司为代表，他们使平面设计的技巧大众化。在众多的实践者中出现了一批"图像辅导员"。因为这一类图像化的运用不需要什么绘画基础，普及性很强，很容易推广。当然，有一点美术知识的人画这一类的会议记录会更赏心悦目。

现在市场上很多的图像辅导员一没有用图像，二没有做辅导，充其量是一个图像会议记录员，所以我不得不重新取一个服务名称"视觉化询导师"，把那些真正在进行图像化合作的人士区分出来。视觉化询导师综合了前面两类的功能，不同的是他们以连贯的隐喻图画故事为主导，有时图画随着对话修改完善，有时对话以图像为中心展开，以图像的多种选择和变化促进多元化思维以求创新，以单一图像的修改促进观点的统一，以构图的焦点抓住对话的重点，以画面的饱和度排除次要的信息。所谓的"图像辅导员"实际上是会议记录员，他们运用的所有手段，视觉化询导师都必须会。图像辅导员和视觉化询导师的区别如表8-1。

表 8-1 图像辅导员与视觉化询导师的区别

图像辅导员	视觉化询导师
以文字为主,抓住每一个人讲话的重点,跟着会议的节奏走	以图像为主,抓住对话的含义,然后以图像控制会议的节奏
以文字以为主,以图像为辅,焦点在谈话内容及文字的准确度,用图像点缀文字	以美术图像为主,文字为辅,焦点在谈话内容的含义而不只是文字表达,用文字标注图像
以二维平面构图的方式进行书写,抓住话重点,提供会议概述和反馈	以虚拟三维写实的绘画表现手法启发感性思维,唤醒直觉。在关键的地方提供情绪价值,引导潜意识,形成图像化的视觉共识
强调的是倾听、分析、归纳、总结每一段对话的中心思想,用与文字内容主次相应的字体进行记录	强调的是倾听和用图像进行启发性询问,让观众和图像对话,面对图像进行商业讨论。通过对观众的提问,促进深度思考和讨论,使内容的含义逐渐清晰
强调一次写对,对写错的地方进行修改,以捕捉正确的信息为目的	强调多次修改,修改图画是必要的关键环节,根据大家的反馈进一步调整、更改甚至重画图像,直到找到引起最多共鸣的图像。主要不是因为错了去改,而是为寻求更好的解决方案
给管理人员提供一个反观自己对话的机会,对会议进行总结	给管理人员提供一个根据对话作画的机会,使他们在无形中从审判官的角色转变成设计师的角色,为战略整合做贡献
记录、观察、反思,试图寻找共有意义,但是由于以文字为主,图像简单,缺乏信息质量	视觉化的过程是一个拓展思路、探讨含义、创造思维模式,然后统一认识的过程,最终真正达到分享共有意义的目标
主要是自己听、自己记录、自己画	自己画,也邀请大家参与修改,甚至指导大家一起画,在多人合作的过程中保持对图像的控制

(续表)

图像辅导员	视觉化询导师
大篇幅被文字覆盖，画面比较细节、热闹，内容比较丰富，信息量大	基本上是一副整体的图像，文字只承担标注功能，因此有助于记忆
根据会议的时间分配记录的面积	根据会议讨论内容的主次，用美术的构图原理巧妙组织信息
把顺序性的信息在平面上展开	以美术的方式进行商业咨询，以美术的法则引导商业管理人员进行全面整体的思考
把复杂而枯燥的问题在字面上简单化，通过总结，在抽象观念上统一意见	把复杂而枯燥的问题用图像生动化，通过讨论，在问题的具体含义上达成共识

以上这个对比的表格可提供给图像辅导员们一个继续提升自己技术的空间。目前的图像辅导员以文字为主要记录媒介，这是有一定价值的。文字的定义功能和交流速度能帮助我们快速地给商业会议设立一个抽象的范畴，并且运用一定的构图原理，迅速有效地为与会者提供二维的思维空间。图像辅导不受绘画技法的约束，一般人都可以做，容易推广，但是我反对图像辅导员声称用这样的方法帮助参与者达成共识，因为大部分共识不在文字里。用文字记录，大家以为意见统一了，于是停止讨论，但大家的想法却大相径庭。无论是把图像的价值真正运用到记录中去，还是往视觉化询导师的方向发展，都可以参考上面这个表格。区分二者最简单的方法是，如果他做的记录文字从数量、覆盖面积和字体尺寸上都超过图像，他就是图像辅导员。如果他画的记录图像的覆盖面积大于文字，那他就是视觉化询导师。

以图 8.3、图 8.4 为例，两幅图所记录的内容是一模一样的，但是图 8.3 是我以图像辅导员的方法做的记录，以文字为主，图 8.4

则是图像记录。这一次是应我们一家关键客户的要求，记录他们举办的信息技术趋势大会。会议有 6 个主讲人，每个主讲人都讲得深刻而精彩，但是他们所讲主题之间的联系却不明显。我决定现场用图像把他们 6 个人的内容联系起来。我就用这个记录为图像辅导和视觉化询导做一个对比，为图像引导市场提供一个标准。

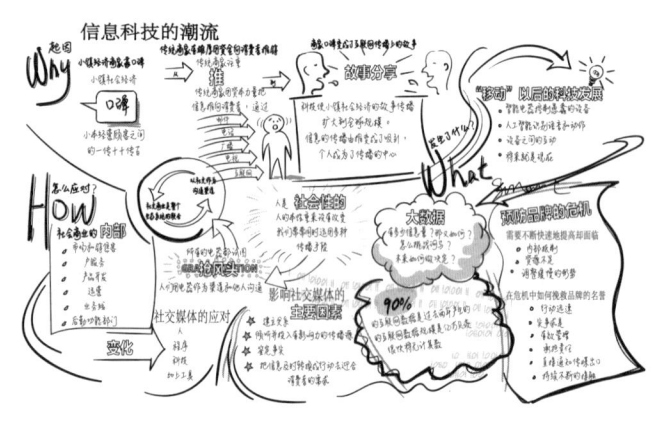

图 8.3

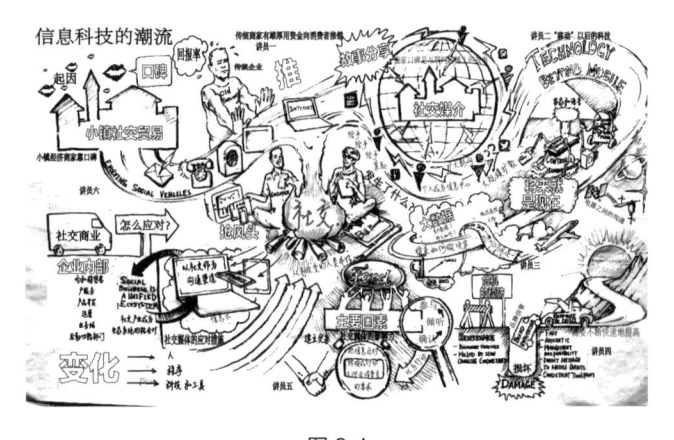

图 8.4

最近有一些客户发了一些类似图 8.3 的图像记录样本给我，是他们请图像辅导员画的，问我能不能帮他们做这样的记录。我看了样本后发现，那些记录的内容都是单一主题讨论，记录下来的"信息群"都很孤立。我就问我的客户，这些图像记录在一个主题下为什么没有把信息连贯起来呢？更重要的一点是，有文字记录并不代表达成了共识，除非是参与人员，否则很难理解记录的内容的真实含义。而以图像为主、文字为辅的图像记录却可以用图像故事把各个不同的信息群联系起来，帮助我们以联系的眼光看问题，帮助我们讨论真正的内涵以达成共识。

现在市面上大部分图像辅导员都把马克笔控制在自己手中，用的是"我秀你们看"的模式。其实这样使与会人员失去了很多参与的机会。就像金庸武侠小说里所讲的"无剑胜有剑"的境界一样，其实在图像的江湖里也有"无笔胜有笔""无纸胜有纸"的境界，视觉、听觉和触觉结合运用才能覆盖更多人的思考风格。我建议图像辅导员们能够在适合的情况下试一试把笔放开。

学习图

20 年前，根源咨询公司的创始人兰迪·如特、吉姆·霍丹和一位美国漫画家威廉·亨奇合作发明了"学习图"。美国教育专家普遍认同的三种学习方式是可视化模式、听觉模式和行动模式，根源咨询公司学习图的设计与这三种模式对应，是图像、对话、信息卡的组合。

学习图中的图像故事能够激发好奇心，提供团体对话焦点，让人加强对信息的感知力和记忆力，再融入生动的图表信息，提供具体的事实。

对话包括故事、提问、分享和倾听。这一组合引发的关注力要远远超过单一的听觉模式。故事引人入胜，提问发人深省。分享是将所学教会他人，是更有效的学习方式，因为在教的过程中，信息会经过大脑的理解再用自己的语言表达出来，所以对话模式的效率要远远高于单一的听觉模式。

信息卡包括图像、文字、数据信息图表，提供了动手和游戏的机会，是学习类型中的行动模式。

学习图则把图像、对话、信息完美地结合起来，覆盖了企业员工的各种信息获取渠道和沟通方式。最精彩的学习图能使每一个员工自己得出的结论和 CEO 的想法一致。

到目前为止，我在市场上还没有发现比学习图更有效的战略沟通工具。它包括市场图、战略图、资金运作图、供应链图、生产程序图、顾客体验图、创新图、多元化图、品牌意识图、职业发展图等各种各样的图像运用。我加入根源咨询公司的时候，学习图已经基本成型了，我又用美术中的戏剧化、中国画的散点透视法则和工业设计的程序完善了学习图这个产品。那时，因为学习图被《哈佛商业评论》杂志大篇幅报道，有很多美国知名公司争相找我们绘制学习图。我记得最令兰迪·如特津津乐道的是，一家航天集团的领导们连续几年定期到 CEO 的私人游艇上讨论我们为他们绘制的市场学习图。就这样，学习图很快成了一个成熟的沟通产品。后来,我和吉姆·霍丹合作开发了"咖啡间漫画",更关键是我发明的视觉化程序,成为视觉化询导的基础。

为了提高产品质量,我们抽样调查了一些用过我们产品的CEO。结果发现,他们对学习图的沟通价值十分认可。但是他们几乎一致认为,参与设计过程,使公司管理者交流想法、清晰思路、统一认识的价值更大。我突然认识到,我不再是一个艺术家,而应该是一个用图像引导客户的咨询师。从那时起,我就开始研究开发图像化程序。

机会来了,那次是一家世界著名的珠宝公司找到我们。当时他们因为一个领导年会要在几天内赶制出学习图,所以我们急中生智安排了一个一天完成学习图制作的计划,称为"一天制图"。通常的制作程序是很烦琐的:咨询顾问先从客户和市场收集相关的信息,并分析整理;然后咨询顾问和概念设计师讨论设计出几个方案;咨询顾问把这些方案向客户展示,经过讨论、挑选,把方案稿定下来并收集反馈意见;接着咨询顾问把反馈意见带回公司汇报给设计师,设计师对图稿进行修改、细节描绘,追加信息,并整合信息图表;咨询顾问还要再次把细节图稿带到客户面前,让客户复审,再次把反馈意见带回公司汇报给设计师,让他们修改完善,然后进行渲染,并把信息图表融合到图像中去。同时进行的程序是咨询顾问设计整个学习过程,如设计对话的问题和设计练习用的信息卡片。最后,咨询顾问还要把所有的材料模型带到世界各地的分公司进行一到三次试验,并进行微调。而这一次,我要把所有这些两三个月完成的过程压缩到一天。接到项目时是客户开会的前一天，我只能在没有任何信息的条件下现场起草设计。我们把这家公司的关键领导都请到根源公司设在俄亥俄州的总部，这样我们这个项目团队的每个人可以同时工作。

那是我第一次把我设想的程序付诸实践，布莱恩顾问是我的搭档，他组织客户讨论，我把设计台放在老总们的面前边听边画。我现场画的图基本都是图像，没有文字。我用最快最简洁的方式做了多项方案选择、细节化设计并修改渲染。最后，我把模型图展示给在场的人时，该公司的北美区总裁第一个鼓掌，正如以前客户们反映的，他觉得这个过程的价值非常大。这次会议可以说是我作为视觉化询导师角色的开始。

在根源公司自己的会议室做过几次视觉化程序后，我们决定把它用于客户服务。正好，一家跨国农业生物技术公司需要在巴西圣保罗为巴西粮食种子市场做一张市场图、一张战略图。没想到从美国底特律飞到巴西圣保罗用了13个小时，幸好两地没有时差，我很快进入了工作状态。我记得会议厅特别大，讨论第一张图时，我的搭档芭芭拉在前面主持，我在后面画图，大家按部就班地在芭芭拉的引导下展开对话。也许是因为我画的第一张市场图让他们很满意，也许是因为他们很快意识到了我能做什么，也许是因为巴西人过于热情，所以开始讨论第二张图的内容时，所有人都拖着自己的座椅走到会议厅的后面，围着我坐下，你一言我一语直接讲给我听。我看见芭芭拉可怜巴巴地一个人在前面，十分愧疚，但是又不好意思让大家回去，于是我示意芭芭拉过来协助我。因为这时所有人都面对画面，可以看见我画的是什么，所以有的人直接告诉我要怎么画，我终于体会到被人当笔使的感受了。那次虽然局面有点失控，但是结果还不错。当最后给两张学习图定稿时，我们听到掌声中还有欢呼的声音。该公司的巴西总裁安德烈成了我的朋友和长期合作伙伴，后来，他因为业绩出色被调回总部升任为北美区总裁。

从那以后，我通过许许多多实践逐渐把这个视觉化询导程序进行了完善。再往后，根源公司将这个视觉化询导程序与咨询协调程序进行组合，使之成为一个独立的战略协调服务项目，在市场上很受欢迎。学习图的设计程序综合了应用艺术的所有优势，加上不断改进的技术，充分利用时间这个"第四空间"，大大强化了合作的效果，这个过程就称为"视觉化询导"。我们可以把视觉化询导作为图像化的一个前期部分。商业图像化其实是一个漫长的过程，因为从四到五年的大型变革周期到每年甚至每季度的图像思维模式调整，商业策略并不是一成不变的，所以很多长期客户就每四五年重新画图，每年对图纸进行局部调整、信息更新。

在商业的信息交流中，虽然文字和数字是交流主体，但是要在市场竞争中用高质量的信息输送来赢得客户，招牌、商标、图表一直是不可或缺的信息工具。信息时代的科技发展使人类信息数量倍增，人们对信息质量的要求也随之提高。为了使管理人员在讨论的过程中看到自己的意见被听取，看到大家所讲的，图像辅导员这个职业就产生了。图像辅导员为了追赶对话的速度，把图像简化再简化，很多图像辅导员甚至只用色彩丰富、变化多端的字体作为记录的主体，以卡通图像为点缀，信息质量最后还是停留在文字的基础上。人们对信息质量的需求还是没有满足，视觉化询导就从图像辅导中脱颖而出，他们真正使图像质量和对话速度达到统一。用图像的信息质量使关键话题的内涵被讨论透彻，使话题与话题之间的关系被讨论清晰，从而真正创造出清晰的共同意义。这个带着共同意义的图像被加上文字、数字和图表，配以引导性的问题和对话，就成了最有力度的关于企业文化、企业战略的沟通产品。图像化过程加上图像化产品就是全面沟通的管理新法则。

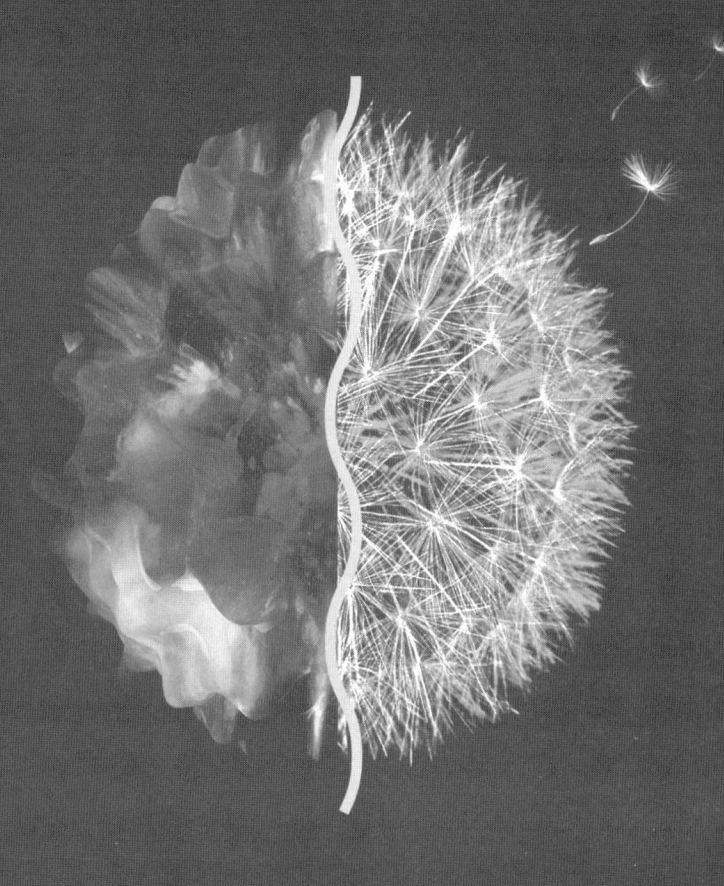

Chapter 9
无形的力量

潜意识是大象无形的,却带着巨大力量,我们应该如何使这股力量为我所用呢?高质量的图像又和潜意识有什么渊源呢?

无形的力量

梦想成真

一个 CEO 的私人请求

美国东部一家税务软件公司的总裁麦克在他的公司做了学习图以后私下找我，说他读了一些有关视觉心理学的书，对图像对潜意识的暗示作用很着迷。他问我，既然我能够帮助他公司的决策层描绘公司的愿景，能不能也帮他描绘自己的愿景。当时我的日常工作很繁忙，又对图像在这方面的功能将信将疑，所以很不想和他合作。但是根源公司负责这个客户的高管恳求我帮忙维护客户关系，所以我就答应了。

我让麦克描述了他未来的理想状态，请他自己先试着描绘他的未来世界。虽然他没有绘画基础，但还是鼓足勇气粗略地勾勒了几笔，然后在上面标注了一些文字。图文内容有提升家庭关系、确定家庭愿景、著书立传、办讲座、做慈善和成为非营利企业董事会董事。我根据他的草图和想法，给他画了几张不同方向的草图。他看后又在我的草图中选了一两张进行涂改，然后将改后的图像发给我。就这样，我们你来我往进行了好几个回合，终于完成了他的个人愿景图像。可是不到两年时间,他又打电话给我,说要再次做个人愿景图像。我问他上次那几张图起到什么作用了吗?他说:"当然,不然我还找你干什么?"我在祝贺了他之后,问他是通过怎样的努力实现他的目标的。他的回答令我很诧异,他说他没怎么刻意地努力,就在他将涂改的草图送还给我后不久,就有好些单位找他去办讲座,现在已经有一个慈善机构和一个企业主动邀请他加入董事会,最近有已经出过书的作者找他谈共同出书的事儿。他再次强调,自己没有怎么刻意去追求,这些机会就自然而然出现在他的面前。就这样,我们开始了第二段图像化旅程。他还把我介绍给他的一位朋友——另一家公司的总裁,做个人愿景图像。从那时开始,就陆续有一些人来找我做个人愿景图,但这些人之间并没有什么关联。他们有职员、企业老总、创业人士,也有金融管理顾问,但由于时间有限,我也只能选择性地帮助一些人。由于麦克的事情,我开始对图像的心理暗示功能产生好奇,并且进行了一些研究,研究结果令我十分兴奋。

潜意识的能量

我们都知道潜意识的存在,心理学家在潜意识领域已经做了大量研究并且认识到潜意识的强大作用。潜意识对人们的安全、健康,对个人的行为,对事物的发展结果都有直接而神秘的影响。

有一天,我在下班途中的高速公路上开车。我脑袋里在整理写作这一章的思路，忽然意识到我刚才在向左转弯而现在是在往右转弯，由于我一直在想问题，并没有特别注意到这一点，而当我意识到的时候，发现手已经在调整方向盘了。我联想到骑自行车时更是如此，大脑并没有时时告诉我们要保持身体的平衡，但身体本身就在不断地调整。近年来的神经科学已经明确表示，我们的潜意识实际上负责为我们做出大部分的决定。虽然我们是靠大脑有意识地做出合乎逻辑的或者理智的决定，但是潜意识是最终的决策者！

我们常常发现，要改变自己的坏毛病、坏习惯是一件非常困难的事情，因为那是意识和潜意识之间的角逐。习惯不是有意的，而是在潜意识控制之下的，我们要去改变它是就有意识的，所以说那是意识和潜意识之间的角逐。而在这场角逐中，潜意识往往是胜利者。图像是激发人潜意识的有效手段之一。首先，我们需要知道，潜意识不会精准地理解单词和句子，它也绝对不会理解长篇大论。人类大脑的这一部分在人类有语言之前就已经发展很久了，潜意识主要通过人的视觉、听觉来感知环境，非常重视这种"感知"输入的有效处理。美国斯坦福大学的生物学家布鲁斯·利普顿博士在他的《信念的力量：新生物学给我们的启示》一书里提出，与每秒处理 40 比特信息的意识大脑相比，潜意识部分的大脑每秒钟处理大约 4 000 万比特信息，这是一个非常惊人的差距。这就是为什么足球比赛时人都是靠潜意识反应在踢球，如果你一直提醒自己在踢球，那么你就一定会丢球。排球、网球、乒乓、拳击、摔跤、击剑等对抗类运动都是如此。

有个词叫"肌肉记忆",其实就是潜意识的作用。潜意识中蕴藏了巨大的能量,这就是人们很难改变自己旧习惯的原因。如果能把潜意识的能量开发出来,为我们有意识的目标服务,将会给人类带来极大的益处,有了这一股强大的力量,我们做很多事情就可以不费吹灰之力。那么,如何开发人的潜意识力量去达成目标呢?

人的身体在睡眠中得到修补,但我们的大脑从来没有在睡觉时有意识地去指挥身体做修补的工作,身体的修补工作是在潜意识中完成的。现代科学普遍认为,梦的活动和潜意识联系紧密,梦里基本上是图像,很少有文字数据,所以我们可以说图像是潜意识处理信息的方式。要启动潜意识里的能量,只有依靠图像这把钥匙才最有效。图像能够"说服"潜意识,即使大脑的逻辑思维不认同,潜意识的能量也远远超过大脑意识的能量。所以当我们用图像把我们的梦想画出来后,大脑也许还在怀疑,潜意识已经相信了。即使大脑的逻辑思维还没有同意或没有知觉,潜意识的巨大能量就已经开始工作。哪怕只有百分之一的潜意识在工作,它的工作量也已经超过有意识的工作量的百倍。

许多神经学家用海里的冰山来比喻意识和潜意识的能量比例(见图9.1),我觉得这个比喻虽比较准确,但缺乏动力和能量,而潜水艇的比喻更有意思一点(见图9.2)。

图 9.1

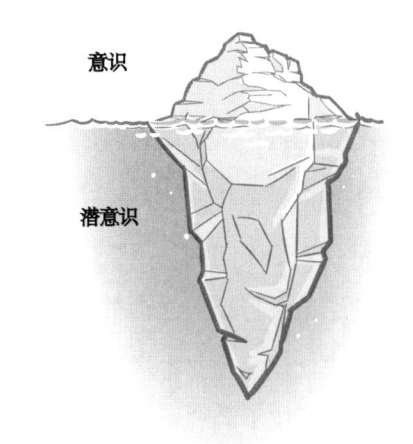

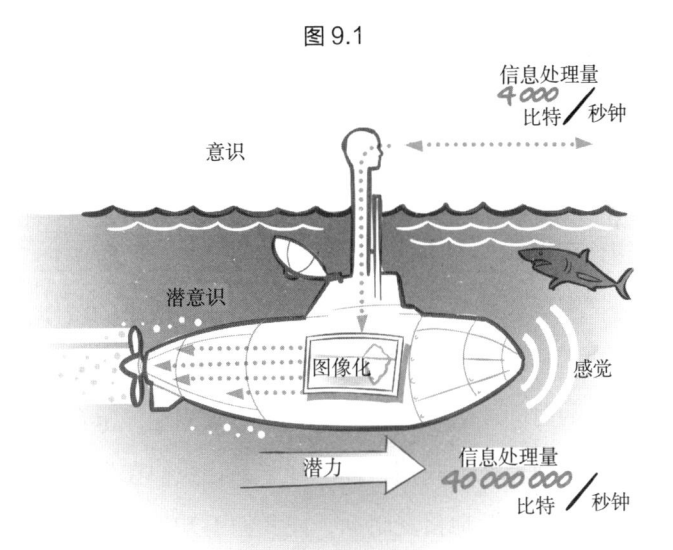

图 9.2

启动潜意识

根源咨询公司有一个口号：虽然员工不得不接受领导的结论，但是最终还是会不知不觉地按照自己得出的结论去行动；虽然公司管理者也许会接受咨询顾问的结论，但是最终还是会不知不觉地按照自己得出的结论去行动。许多企业决策层请我们做战略转型的项目时，第一步往往是企业未来愿景的图像化，这在无形中就唤醒了潜意识，也利用了潜意识的优势。这就是把一群人的潜意识用图像调动起来，同时把他们对未来的向往和憧憬在图像中表达出来，然后用这个带着强烈心理暗示的图像去激发企业里每一位员工的潜意识，把成千上万人的潜意识调动起来，那是一股多么强大的看不见的力量啊！

但是描绘高质量的能够启发潜意识的图像速度较慢，故这类图像数量较少。而信息时代，人们对信息的需求量越来越大，他们需要图像可以匹敌文字的输送信息数量和速度。解决这个问题的方法是把图像作为文字的载体或者说是作为故事的载体，图文并茂地传递信息。事实上，图像信息渗透到大脑的潜意识中，在大脑里保留的时间要远远长于文字，它们顽固地停留在我们的脑海里，持续不断地提醒我们目标的样子，让我们在生活、工作中的所有行为持续不断地接受暗示，使我们不知不觉提前活出成功的状态。

还有一点需要了解的是，潜意识有趋吉避凶的本能，这是人类在上百万年的发展过程中形成的。人类存活于世的主要目的是生存和繁衍。生存的重点在于避凶，避凶的行为是防御性的、消极的，是在怀疑和惊恐的情绪里进行的，是负面的情绪。繁衍的重点在于趋吉，趋吉的行为是防进攻性的、积极的，是在充满信心和希望的情绪里进行的，是正面的情绪。哈佛大学的一项研究表明，83%的人是没有目标的。没有目标就会在潜意识中缺乏趋吉的行为，没有趋吉的行为就只剩下避凶的本能。避凶的本能会导致负面情绪的蔓延，使员工缺乏安全感，这也是公司员工之间存在矛盾的原因之一，这些矛盾给公司和个人都造成大量无形的内耗。从员工个人健康的角度讲，没有目标的人容易陷入抑郁情绪，被各种疑虑和恐惧情绪所困扰。我们可以在头脑里定下目标，甚至写下来，但是这没有调动潜意识。在工作、生活中，我们遇到的难题往往是直观的、很具体的，那些空、大、抽象的目标则很容易烟消云散。用图像帮助员工在潜意识里建立生动的目标，使他们在各种困难和阻碍面前充满希望，这就像人在发生风暴的海洋中看到灯塔一样，可以唤醒潜意识中的趋吉行为，使人们有安全感，帮助人们进入正面的情绪和积极的状态，提高公司和员工个人的生产效率。

与大家分享一个图像化的案例。根源咨询公司的销售部是一个不到10人的团队，像所有销售团队一样，有一个整体的销售目标。队员之间有竞争，这是有目的的"趋吉"，团队和其他部门的竞争是没有清晰目的的"避凶"。首先，我把这些避凶的行为用图像幽默地表达出来，使大家面对自己的疑虑，消除危机感。然后，把他们对未来的憧憬用图像表达出来，以激发他们潜意识中的"趋吉"欲望。虽然当时他们很感激我抽时间提供公司内的跨部门服务，但是我知道，他们并没有认识到图像在他们潜意识中所起的作用。我是在2017年2月底给他们部门做的图像化服务，2017年5月，他们的月销售额突破公司的历史纪录。当然他们认为这是团队努力的结果，不觉得跟潜意识和图像有什么关系。我并没有去争辩，但是我相信销售部在进行愿景图像化3个月内销售额突破公司的历史纪录绝非巧合。我曾经对这些年在我这里做过愿景图像化的几十家企业做了一个抽样调查。这些企业在没有做愿景图像化之前要么没有愿景，要么愿景只是喊了几十年的口号，但在做过愿景图像化后，它们基本上都在两三年内实现了它们所绘制的蓝图。值得一提的是，其中有的企业甚至经历了变动比较大的高层重组，但是只要愿景没有变，仍然达到了它们为自己设定的目标。

最近，国内一家公司的创始人也做了个人愿景图像化，一开始我请她自己画图，画了几个回合之后，我发现在她的图中在出发点和目的地之间总是有两条很粗重的分隔线。我问她为什么画那两条线，她自己也说不清楚。我了解到她那时由于家庭原因不得不来美国，放弃了国内的有利条件，在美国通过网络进行远程教学和出国辅导，非常受距离和时差的限制。我建议她在图中去掉那两条线，于是她用涂改液覆盖了它们，就在那之后一个星期内她突然发现美国中学生对ACT（美国大学入学考试）、SAT（学术能力评估测试）培训班的需求正在激增，而中国又有在这方面很成熟的应试专家、系统和资料。她为发现这个极好的商机兴奋不已，她确定这个机会的出现和涂抹掉那两条线的时间相差无几。我觉得这几乎是一个潜意识通过图像向有意识的思想发送信息的经典案例。

前些年，我在美国投资房地产，在经营的过程中我才发现美国的政策对投资者不利，因此我决定退出。由于当时是贷款投资，摊子铺得比较大，如果不在合适的价位出售所有的房产就有破产的风险，我进退两难。这样过了几年，有一天我在和我的职业教练吉姆·安德森谈话时，他建议我把自己脱离房地产行业后的状态用图像画出来，我想反正这对我来说轻而易举，我就试着画了一张图，表达的是从房地产行业全身而退并且能够专心本职工作的愉悦状态。我画的愿望很保守，全身而退的意思是不赚不赔，没有经济损失。结果半年内，我真的处理掉了所有的房产，但是最后结算时发现前前后后总共损失了约10万美元。我当时很沮丧，觉得图像在这方面没什么用，但是很快我就发现，在那段时间里，我不经意间投资的一些股票赚了10多万美元，两项相抵，几乎是不赚不赔。讲到这里，我相信肯定会有人说，那你为什么不把自己画成亿万富翁。我想，我潜意识的信心没有那么足吧。我认为一个人的愿望是连自己的潜意识都不能接受的目标，就不要浪费时间去画了。

如果把潜意识比作冰山的水下那一部分，那么托举冰山的海洋又是什么呢？冰山再大也要顺着水流漂移。人的潜意识在意识的外缘，那么在潜意识的外边又是什么？神经学家认为潜意识之外是未知，是无意识的宇宙，这个是有规律、有法则的。所以我个人认为，我们在画自己的愿景之前先要确定自己的动机是否符合这个宇宙的法则，然后再看有没有效果。

众志成城

回到企业话题上来，潜意识与企业运作的关系是什么呢？一个人的潜意识的能量比自己的意识强，众人的潜意识的总能量也要远远大于个人的潜意识能量，因为潜意识是有联合共振的，是众志成城的，是成倍扩大的。这就是为什么我们要强调用图像合作程序调动众人的潜能。

另一方面，如果个人的潜意识和企业员工共同的潜意识相抵触，这对于个人和周围的人来说是一种负能量。这个负能量对于集体来说是一个阴暗点，对个人的心智也有很大的伤害。所以当出现这种情况，就必须在调整自己志向和更换就业企业之间做一个选择，这样对自己和企业都是有益处的。如果抛开经济原因，这对自己的益处比对企业的益处要大得多。所以我总是鼓励那些个人愿景与企业愿景不合的员工们尽量另谋高就。

我有一个侄女在加拿大读书，毕业以后在多伦多的一家大型房地产管理公司上班。她学的是会计专业，做的也是会计工作，可是工作后她发现自己并不喜欢这份工作，虽然很努力，而且也得到老板的肯定，但还是越来越无法获得成就感。后来，她找到我做她的职业发展教练，我就问她喜欢做什么，她说她自己也不清楚。我就让她画图，画出她成功后的状态。她写了满满一页纸的字，在笔记的上角歪歪扭扭画了一个小人，一个笔记本电脑，一架飞机。我让她解释一下，她说她画的是自己坐在机场候机室的长椅上，在笔记本电脑上忙着帮人解决问题，这个画面使她感觉很被需要，很充实，很忙碌，等等。我又让她用文字列出她所在公司的需要和价值。经过比较以后，她得出结论：她的个人理想和公司的目标定位的重叠率可能在 30% 以下。于是我让她做选择，要么把自己的理想向公司目标方向调整，要么另寻出路。于是她决定在公司以外甚至专业以外寻求机会。就在那一段时间，她的社会人际网络中出现了好几个做金融和科技咨询相关工作的朋友，她的周围也出现了好些她以前没有见过的适合自己的招聘广告，她欣喜若狂。我相信，这是图像通过潜意识的影响带来的改变，但图像对周围的人和事物有什么影响吗？我不知道，这也不是本书的讨论的重点。

情感的份量

接下来我要谈一谈潜意识和情绪之间的关系，以及图像信息在其中所起的引导和调节作用。

远在电影、电视、照片出现之前，不管是欧洲的古典油画，还是中国古代的文人画都有一个共同的功能——捕捉文字描写流失掉的那些信息，即那些只可意会不可言传的东西。因为绘画比石窟壁画有更加成熟的技巧，对信息的捕捉也更精准，成为一种视觉的享受，让欣赏者身临其境。特别是中国文人画，图文并茂地传达画家的感受、胸怀和境界。这种感受、胸怀和境界常常是在逻辑信息之外的，我们称为情绪信息。

管理人员应认识到人是受情绪影响的，是有感觉的。企业员工不是机器人，有着丰富的感觉和情绪，如兴奋、兴趣、混乱、沮丧、恐惧和疑虑等。在通过文字进行沟通的同时，图像可以让观众充分感受逻辑信息和情感信息，也就是审美的过程。在这个审美过程中，观众可以经历喜欢的情绪、不喜欢的情绪，愉悦的情绪、不愉悦的情绪，知识情绪、敌意情绪和自我意识情绪，这种图文并茂的沟通能够激发员工全身心地投入。

有一次，我们给一家保险公司的战略模型图做测试，通常参与测试的人是客户方项目主管及从企业各个部门选出的中层甚至基层员工，他们多数是第一次看到图纸。在面对图纸讨论时，有一位中年男主管看了图像很感动，居然在众人面前抽泣起来，其他几个人也有点儿情绪波动。这种情况在其他项目的测试或者推广过程也有发生。

人的感觉不是固定不变的，它在积极和消极的状态之间不断变化。情绪变化的部分原因是外界环境刺激，更大一部分原因是无意识的意念。有意识的行动很容易改变，特别是当我们在具有社会关系的公司里时，但是潜意识似乎有自己的生命，并且会抵制那些有意识地去改变它的行为。

能意识到的情绪是比较容易控制的，潜意识控制的那一部分情绪是很难把握的，属于"元情绪"。一件优秀的视觉艺术品可以创造"元情绪"。以色列心理医生杜瑞特·诺伊–沙拉夫

（Dorit Noy-Sharav）研究发现，"元情绪"就是人的情绪和所看到的艺术品之间的共振。在看到好的艺术品时，人的多种情绪会被同时触发。实验证明，当人们看到一件艺术作品时，如果这件艺术品制作精致、技巧娴熟却缺乏一定的复杂性，或者错综复杂但制作粗糙，都不会使人产生"元情绪"。例如，绘制手段很娴熟、质量高，但是表达的对象过于单调而没有复杂性（见图 9.3），或表达的对象丰富复杂但是绘制的手段缺乏技巧（见图 9.4），都不太可能刺激人们产生深刻的情感反应。然而，一副描绘精美的《荷拉斯兄弟的誓言》很可能使人们产生共鸣，体会到故事的背景，甚至流泪哭泣（见图 9.5）。

图 9.3

图 9.4

图 9.5

从美术的观点来说，图 9.3 的盒子是由直线与平面构成的，信息量很小，画得再精美也只是让人一览无遗，觉得索然无味。

而荷拉斯父子的形象是自然的，形体、线条、面积、光线、色彩变化多端，信息量很大，但是如果画得粗糙，图像里所承载的情绪或者情感信息会遗漏很多，使所"表达"的图像也索然无味。注意我用的词是"表达"不是"表现"，虽然逻辑信息不会流失，像符号一样抽象的信息不会因为信息的抽象而遗漏，但是细节已经流失，因此无法创造"元情绪"使人感动。如果你有专业绘画技能，将复杂的形象描绘得细腻准确，图像里所承载的情绪或者情感信息很丰富，"元情绪"就会被创造出来，观众就会感动，会被绘画语言所说服，从而接受图像所承载的信息。这样的图像，逻辑信息还是不会流失，但是有可能会因为情绪信息的冲击而减弱一些，人们对抽象信息的注意力会因为对图像效果的感觉而分散一点。所以我提倡在做图像化的过程中不光要用简单的图像和美术字来捕捉信息，有时还要通过提高图像的质量来引导观众的情绪和潜意识。正如第 2 章里讲的，中世纪的美术形象和文艺复兴时期的美术形象有鲜明的对比，中世纪的艺术受到宗教的束缚和压抑，故意简化图像质量，使"元情绪"荡然无存，同时也就丧失了大部分的情绪价值。而文艺复兴时期的艺术摆脱了中世纪的束缚，美术形象表现细腻，充满了质感，精彩纷呈，能够创造"元情绪"，有很高的情绪价值，对人类的感情和思想有解禁的作用，也和当时自然科学的突破，以及后来的工业革命有着千丝万缕的联系。因此，如果一个企业想让员工舒展情绪、放开思路、不断创新，就应该多用高质量的图像化工具来进行信息沟通。

诺伊-沙拉夫还声称："艺术是最有力的情感交流形式，比如说人们能够听着音乐跳舞，跳许多个小时而不厌倦。美的油画能够把人们的想象带到遥远的地方。艺术形式使人类在情感抒发中得到满足，其满意度要远远高于自己直接对情绪进行管理。"艺术允许人们通过自己的创造力、想象力来观察和体会他们所看到的形象，从而消除自己压抑和抵触的情绪。艺术创作不是被动地接受，而是主动地寻求，是对人们固有感觉的一个挑战，也是对他们在艺术信息中所看到的情绪的处理。艺术形式使人类在情感释放方面比单纯地管理情绪更令人满意。形象艺术允许人们通过创造工作或观察和描绘他们所看到、想到的东西，来消除负面情绪，鼓励正面情绪。这些理论都在运用的图像化的过程之中被体现出来，为企业创造价值。

我们知道文字能够让大量信息暂时进入大脑，而图像能够通过刺激人的心灵和情绪甚至潜意识而延长信息在人记忆中的保存时间。所以我们就发明了一些方法把二者结合起来，让用户有质有量且持续性地把信息融入他们的心灵，以至于成就企业的使命。

文字、数字所承载的情绪信息是有限的，属于左脑思维，而图像是通过右脑来处理的，它浸透在感觉之中，所以它传送的空间信息、情绪信息会多得多。一幅写实的图像能启发元情绪，元情绪能够打破意识和潜意识之间的隔阂，消除潜意识对意识的抵制，用在商业沟通上能使员工真正地达到全身心投入的状态，对他们的身体与心灵都产生正面的深远影响。有一些企业用图像化过程的记录草图给员工做普及沟通，从潜意识和元情绪角度讲，影响力是有限的。进一步请绘画高手对图像进行渲染是非常有必要的。特别是有成千上万的员工参与战略沟通时，平摊在每个员工头上的投入是很小的，而所能调动的无形的力量是不可估量的。

中国人常常说实现自己的梦想，我问我的客户，他们的梦里是不是充满了文字、数学公式，通常得到的回应是一片笑声，大家会异口同声地说是图像。那么我们就应该把管理者的梦想画出来，以图像承载信息，使其深入每一个员工的心，深入他们的潜意识，连吃饭做梦都挥之不去。让全体员工和管理者们拥有同一个梦想，万众一心，在不知不觉中向目标靠近，直到最后梦想成真。

美国福特基金会做了一项研究调查：23%的人不知道自己要什么；67%的人对自己想要什么只有一个大致的概念，而没有计划；只有10%的人有清晰具体的目标，其中七成的人只有一半的概率获得成功。加利福尼亚多米尼加大学心理学教授盖尔·马修斯博士做了关于目标设定的研究，据调查，如果把目标写下来，能够提高42%的成功率。那么如果我们用图像这个高质量信息沟通手段把目标画下来呢？会产生什么样的结果？希望大家都试一试，我也拭目以待。

■ 结　语

　　信息时代的科技发展使人类面对的信息数量激增，文字再怎么简化也无法追赶上信息涌来的速度。我们需要几十双眼睛和耳朵才能眼观六路，耳听八方，需要几个脑袋才能才思敏捷，谋略过人。不同的人有不同的角度、不同的想法，在这样的情况下，分歧就产生了，信息传播速度就慢下来了，我们更需要用高质量的信息输送来创造共识。

　　讨论时的信息交流太快了，为了使管理人员在讨论的过程中真正看到自己的意见被听取，也看到别人讲过的内容，需要提供一个共用的对话平台，于是所谓的图像辅导这个职业就产生了。图像辅导的口号是创造共同认知。但是图像辅导员为了追赶对话的速度，把图像简化再简化，用变化多端的书法作为记录的主体，以简单的卡通图像为点缀，用丰富的色彩增加气氛，信息最后还是停留在文字的基础上。但是人们对信息的质量需求并没有得到满足，文字确定了，人们对其含义的认识却不一样。

　　请大家猜一猜，وجه（希伯来文）、चेहरा（印地语）、פָּנִים（意第绪语）、πρόσωπο（希腊语）、منهن（信德语）都是什么意思？它们看上去像什么？其实，它们都是"脸"的意思，但对不认识这些文字的人来说，从视觉上一点都看不出来。而图像所传达的信息是跨语言、跨国家、跨地域、跨文化的。

视觉化询导就是从图像辅导中脱颖而出的，很多企业管理者特别是决策者用高价聘请视觉化询导师，因为他们能真正使图像的质量和对话的速度融为一体，使关键话题的内涵被讨论透彻，使话题与话题之间的关系被讨论清晰，从而真正创造出清晰的共同意义。这个带着共同意义的图像被加上文字、数字和图表，配以引导性的问题和对话就成了最有效的企业文化、企业战略的沟通产品。图像化过程加上图像化产品就是全面沟通的管理新法则。

商场如战场，战场有地图供我们看见地形和战局，市场也有局势和地形，只是画家看不透抽象的商业理念、商业数据和文字，所以画不出图来，企业家不懂图像思维和艺术创作的法则，所以也画不出商业的形状来，于是商业就显得大象无形了。我们可以看见工厂、员工、商店、商品，而企业运作、资金链、供应链、互联网、大数据这些是看不见的、无形的，因为商业系统是抽象的。越抽象的概念越需要视觉化来具体呈现，以帮助人们理解。于是我们可试着用图像化把"大象"呈现出来，给员工一个理性加感观的全面认识，让他们知道自己的价值和位置，从而能够全身心地投入，更有效地去实现企业梦想。

我走进过许多知名企业的会议室，接触过许多企业的决策层，参与过各个行业的经营战略策划，站在艺术和商业的交界处看两个世界，我看到图像思维和沟通是人类最原始、最有效的思想交流手段，文字数字思维和沟通是人类最先进、最有效率的思想交流手段。当抽象思维使我们中间的一些精英显得出类拔萃时，具象思维使我们的团队能够有效地合作，从而众志成城。一个人再聪明也无法把"大数据"的千万分之一装进他的脑袋，一个人再聪明也无法单打独斗创造出世界 500 强企业的价值和财富。精明商人的成就都是通过团队来实现的，这个团队就是企业。一个企业的成功绝对不在于最先领悟的几个领导，而在于最后领悟的千万员工。

如果我们把企业人才的想法综合起来，图文并茂地表现出来，"大象"的形状就出来了。所以我鼓励管理人员都拿起画笔来，用本书的方法去实践，不追求艺术，只画信息。这样就可以提高员工沟通的质量，促进左右脑全面思考。胆子大一点，脸皮厚一点，会写你就会画。不管是图像解析、图像记录，还是视觉化询导，我都为大家讲了基本的方法，只要大家多多练习，一定会发现其中的价值。开会的时候、看新闻的时候、和人聊天的时候，拿支笔，拿张纸，练习一下，熟能生巧。艺术的特点是变化多端，练熟之后可以探索适合自己的方法。希望大家一起把信息图像化发扬光大，实现个人、企业的宏伟目标。